Helmut Maurer

KONSTANZER STADTGESCHICHTE
im Überblick

Jan Thorbecke Verlag Sigmaringen
1979

INHALTSÜBERSICHT

CIP-Kurztitelaufnahme der Deutschen Bibliothek

Maurer, Helmut:
Konstanzer Stadtgeschichte im Überblick /
Helmut Maurer. – Sigmaringen: Thorbecke, 1979.
ISBN 3-7995-2014-7

Gesamtherstellung: M. Liehners Hofbuchdruckerei KG, Sigmaringen
Printed in Germany – ISBN 3-7995-2014-7

Vorwort

Unmittelbar nach dem Kriege, im Jahre 1947, hat Otto Feger ein Buch veröffentlicht, dem er den Titel „Konstanz. Aus der Vergangenheit einer alten Stadt" gab; im Jahre 1957 hat er es in veränderter Form als „Kleine Geschichte der Stadt Konstanz" erneut vorgelegt. Diesem mutigen und verdienstvollen Versuch einer stadtgeschichtlichen Darstellung, die zu Beginn der 70er Jahre noch einmal eine Neuauflage erfuhr, will und kann der hier dargebotene „Überblick" keine Konkurrenz bereiten: Otto Fegers „Kleine Geschichte" wird auch weiterhin ihren Wert behalten.

In den mehr als zwanzig Jahren, die seit der letzten Konzeption der Fegerschen „Kleinen Geschichte" vergangen sind, hat indessen die Konstanzer Stadtgeschichtsforschung eine solche Fülle neuer Erkenntnisse gezeitigt, daß es an der Zeit schien, den neuesten Stand unseres Wissens um die Vergangenheit der alten Stadt am Bodensee und Rhein erneut in übersichtlicher Weise zusammenzufassen.

Äußeren Anlaß dazu gab die Notwendigkeit, für die amtliche Beschreibung des Kreises Konstanz in gebotener Kürze die Geschichte der Stadt bis zum Jahre 1945 nachzuzeichnen und auf eng bemessenem Raum möglichst viel an Information zu bieten. Vor allem war darauf zu achten, daß die bislang zumeist nur sehr stiefmütterlich behandelten rund eineinhalb Jahrhunderte Konstanzer Stadtgeschichte von 1805 bis 1945 in dem hier versuchten Gesamtüberblick über die Vergangenheit der Stadt nicht von neuem zu kurz kommen würden.

Der aufgezwungene Verzicht auf manches wesentliche Detail ließ sich einigermaßen verschmerzen, da die Möglichkeit gegeben war, umfangreiche Literaturhinweise anzufügen, die es dem Leser erlauben, zahlreiche der nur in aller Kürze angesprochenen Fragen durch weiterführende Lektüre zu klären.

Und gleichfalls als Hilfe für den Leser ist der historische Stadtgrundriß gedacht, der – aus den schriftlichen Quellen neu erarbeitet – zum Verständnis der historischen Topographie des mittelalterlichen und des frühneuzeitlichen Konstanz beitragen soll.

Dem Bändchen wurden – mit einiger Ausnahme – bewußt Bilder beigegeben, die bislang in Veröffentlichungen zur Konstanzer Stadtgeschichte noch selten oder gar nicht zu sehen waren:

Zu den obligaten Stadtansichten und Häuserbildern sollen erstmals auch Bilder von Personen, von Ereignissen und von Gegenständen treten.

Bei der Zusammenstellung des Bildteils war es das Bestreben von Autor und Verlag, die einzelnen Epochen der Stadtgeschichte möglichst ausgewogen zu dokumentieren. Das war freilich nicht immer im wünschenswerten Umfange möglich und da, wo es eine zeitlich passende Vorlage zu finden gelang, mußten oft technische Mängel in Kauf genommen werden.

Daß es möglich war, den zunächst in der Beschreibung des Kreises Konstanz veröffentlichten Text in der vorliegenden Form erneut zu veröffentlichen, verdanke ich der freundlichen Erlaubnis, die mir der Landrat des Kreises Konstanz, Herr Dr. Robert Maus MdL, sowie der Präsident der Landesarchivdirektion Baden-Württemberg, Herr Prof. Dr. Günther Haselier, und der Leiter der Abteilung Landesbeschreibung innerhalb der Archivdirektion, Herr Prof. Dr. Meinrad Schaab, erteilt haben. Herr Prof. Haselier hat darüber hinaus in seiner Eigenschaft als Vorsitzender der Kommission für geschichtliche Landeskunde in Baden-Württemberg auch den Wiederabdruck des Historischen Stadtgrundrisses von Konstanz aus dem „Historischen Atlas von Baden-Württemberg" gestattet. Auch dafür sei ihm vielmals gedankt.

Sehr dankbar bin ich auch meiner ehemaligen Mitarbeiterin, Frau Archivoberinspektorin Ulrike Dehn, Freiburg i. Br., daß sie die Mühe auf sich genommen hat, die Stadtammänner und Bürgermeister in übersichtlichen Listen zusammenzustellen.

Helmut Maurer

Von der spätrömischen Epoche bis zum Ende des Alten Reiches

ANFÄNGE UND TOPOGRAPHISCHE ENTWICKLUNG

Die Gründung eines für weite Bereiche Alemanniens zuständigen Bischofssitzes innerhalb des längst verlassenen spätrömischen Erdkastells *Constantia* am Ausfluß des Rheines aus dem Bodensee um die Wende vom 6. zum 7. Jh. steht nicht nur am Anfang einer jahrhundertelangen Geschichte der bis zu ihrer Aufhebung umfangreichsten deutschen Diözese; von dem um jene Jahrhundertwende entstandenen Bischofssitz nahm vielmehr auch die Entwicklung der mittelalterlichen Bischofsstadt ihren Ausgang und knüpfte so — ohne daß hier von irgendeiner Form von Kontinuität gesprochen werden könnte — topographisch an die in spätrömischer Zeit geschaffenen Anlagen an, von denen Reste noch in der merowingischen Epoche vorhanden gewesen sein dürften. Das antike Constantia war freilich in all den Jahrhunderten römischer Herrschaft am Bodensee und Hochrhein kein gleichbleibendes topographisches Gebilde gewesen; vielmehr ist an eine Abfolge mehrerer, durch Funktion und Lage voneinander mehr oder weniger getrennter Siedlungseinheiten zu denken: einmal an eine wohl nur zwei bis drei Jahrzehnte bestehende frührömische Befestigungsanlage nordwestlich des heutigen Münsterhügels, in der Gegend der im 10. Jh. errichteten Kirche St. Johann, zum zweiten an eine unbefestigte Zivilsiedlung etwa in der gleichen Gegend, deren Bestehen man von der zweiten Hälfte des 1. Jhs. n. Chr. bis zu den Alemanneneinfällen, also bis ins 4. Jh. hinein, durch Funde nachzuweisen vermag, und endlich an eine oder mehrere nach Aufgabe des Limes geschaffene spätrömische Befestigungsanlagen im unmittelbaren Bereich des heutigen Münsterhügels, für deren Existenz man allenfalls die schon mehrfach angeschnittenen Wälle und Gräben am Rande des Münsterhügels, wohl kaum aber die an derselben Stelle beobachteten Mauerzüge als Zeugen wird in Anspruch nehmen dürfen. Neben diesen eigentlichen Siedlungseinheiten müßte endlich dem spätrömischen Gräberfeld im Süden des mutmaßlichen Erdkastells eine nicht unwesentliche Bedeutung für die Topographie der mittelalterlichen Stadt, aber auch für deren frühe Pfarrorganisation zugesprochen werden, wenn sich eines Tages durch Grabungen die schon öfters ausgesprochene Vermutung bewahrheiten sollte, daß die bereits ca. 680 in der Vita des hl. Gallus erwähnte Kirche St. Stephan, die spätere Leutkirche der Stadt, auf eine frühchristliche Memorialkirche zurückgeht.

Dieser spätrömische Friedhof liegt im übrigen unmittelbar am Rande einer Verbindungsstraße, die das römische Konstanz mit der von Arbon nach Pfyn ziehenden Hauptheerstraße verband. Diese Verbindungsstraße scheint denn auch die Richtung der vom Rheinübergang kommenden und durch die „Niederburg" am Münster vorbei nach Stadelhofen ziehenden mittelalterlichen Hauptstraße der

Stadt bestimmt zu haben. Bezeichnenderweise ist es der gleiche Straßenzug, für den die Quellen des Spätmittelalters den Begriff der „Reichsstraße" kennen.

Entscheidend für die Verkehrslage des römischen wie auch des mittelalterlichen Konstanz war freilich nicht so sehr diese in den Thurgau führende Straße; entscheidend war vielmehr die Lage am See, dessen Bedeutung als Schiffahrtsweg für Spätantike und Frühmittelalter nicht unterschätzt werden darf. So gesehen, kann die Lage von Konstanz auf dem Landvorsprung zwischen Bodensee und Rhein als ausgesprochen günstig bezeichnet werden.

Bei derartigen Voraussetzungen, der Möglichkeit des Anknüpfens an römische Überreste und einer hervorragenden Verkehrslage, kann es nicht verwundern, daß um die Wende vom 6. zum 7. Jh. gerade das erstmals beim Geographen von Ravenna genannte Constantia als Bischofssitz ausersehen worden ist. Die Gründung und erste, ganz auf das linke Rheinufer beschränkte Ausstattung dieser *sedes episcopalis* geschah offenbar unter bewußter Förderung durch das alemannische Herzogshaus, das gerade im westlichen Bodenseegebiet besonders stark verankert war, während die Bestimmung der Bistumsgrenzen und die Legalisierung des Gründungsaktes wohl eher ein Werk des merowingischen Königtums gewesen sein dürften. Die noch im hohen Mittelalter in Konstanzer Urkunden hin und wieder zu findende Berufung auf Dagobert I. könnte so am einfachsten eine Erklärung finden, wenn man nicht überhaupt erst Dagobert I. die Initiative zur Gründung des Bischofssitzes oder zu der in spätmittelalterlichen Quellen behaupteten Verlegung eines in Windisch bestehenden Bischofssitzes nach Konstanz zusprechen möchte.

Die ebenfalls zuerst in der Vita sancti Galli erwähnte, der Gottesmutter Maria geweihte Bischofskirche bildete nun — wie bereits betont — den Ausgangs- und Bezugspunkt der gesamten Konstanzer Stadtentwicklung. Nördlich des Münsterhügels, dem Rheine zu, entstand in unmittelbarer Nachbarschaft und sicherlich auch in rechtlicher Abhängigkeit zum und vom Sitz des Bischofs, den wir zumindest seit dem 9. Jh. in der Pfalz neben dem Münster suchen dürfen, schon früh eine (Handwerker-)Siedlung, an deren Nordende auch die Konstanz mit dem rechten Rheinufer, der Spitze des Bodanrücks, verbindende Fähre zu vermuten ist, die den Verkehrsanschluß über Allmannsdorf und Staad zu der ebenfalls wiederum nur durch eine Fähre erreichbaren Meersburg und der von dort zur oberen Donau führenden wichtigen frühmittelalterlichen Fernstraße herstellte.

Um die Bischofskirche selbst erwuchs allmählich — als eigentliche, mit Mauern umgebene *civitas Constantia* des frühen Mittelalters — ein beinahe völlig von kirchlichen Gebäuden ausgefüllter Bezirk eigenen Rechts, der vor allem im sog. oberen Münsterhof das während des Hochmittelalters von König und Bischof gemeinsam beanspruchte bischöfliche *palatium* mit der Pfalzkapelle St. Peter, mit den Gebäuden des weltlichen Verwalters der Pfalz (des Pfalzvogtes) und dem bischöflichen Ammanngerichtshaus umschloß, andererseits aber im sog. unteren Münsterhof die für das gemeinsame Leben des Domkapitels notwendigen Gebäulichkeiten umfaßte, so etwa den sog. Stauf, das Gast- und Wirtshaus des Domkapitels, sowie den Kongregationssaal und den Friedhof. Und um diesen engsten Immunitätsbezirk lagerten sich nach der Auflösung des gemeinsamen Lebens im Domkapitel die einzelnen Domherrenhöfe und die sich ständig vermehrenden Pfründhäuser der einzelnen Münster-Präbenden.

Wuchsen diese beiden topographischen Einheiten, die bischöfliche „civitas“ auf und um den Münsterhügel sowie nördlich davon die sog. *Niederburg*, ganz allmählich heran, so mag die Entstehung einer dritten topographischen Einheit im Süden des Münsterhügels wesentlich durch einen vom Bischof ausgehenden Siedlungs- und Rechtsakt, nämlich durch die Gründung eines Marktes und durch seine örtliche Fixierung auf den Platz unmittelbar vor St. Stephan, an der alten Straße in den Thurgau, veranlaßt worden sein. Dieser Marktbezirk wurde nun zur Keimzelle der mittelalterlichen und neuzeitlichen „Bürgerstadt“. Denn von dieser — den Markt vor St. Stephan und den sich zum Seeufer hinziehenden Fischmarkt einschließenden — *Marktsiedlung*, in der im späten Mittelalter auch die bedeutendsten, wohl aus der bischöflichen Ministerialität hervorgegangenen Patrizierfamilien mit ihren wehrhaften Häusern und Wohntürmen ebenso zu finden sind wie die auf eigenem Grund und Boden sitzenden Kaufleute selbst, dehnte sich die Stadt in Etappen in der einzig möglichen, durch die Lage zwischen dem See im Osten und dem sumpfigen Gelände im Westen bestimmten Richtung aus. Eine erste Stufe in der Umbildung der zunächst noch offenen zur geschlossenen Stadt war erreicht, als im 12. Jh. eine Mauer um diesen Marktbezirk gebaut wurde, die im Süden vor dem späteren Obermarkt- und Marktstättengelände — heute noch am Verlauf des sog. Ehgrabens erkennbar — mit dem „Burgtor“ ihren Abschluß fand.

Das 13. Jh. hat dann auch diesen Mauergürtel gesprengt, einmal durch die planmäßige Anlage zweier zusätzlicher Märkte: im Süden vor der Mauer des 12. Jhs. der *Obermarkt* als kleiner Platzmarkt und — durch einen Laubengang mit dem Obermarkt verbunden — ein breiter Straßenmarkt, die *Marktstätte*, die nach Osten bis an den See heranreichte. Beide Märkte, die der bislang im wesentlichen Nord-Süd gerichteten Stadt nun auch eine markante Ost-West-Achse verliehen, übertrafen den alten Markt bei St. Stephan bald an Bedeutung: der Obermarkt, an der „Reichsstraße“ gelegen, vor allem als Gerichtsstätte des Reichsvogts, als Versammlungsstätte der Bürgerschaft, als Ort des Prangers und des Gefängnisses, und die Marktstätte mit dem Kornhaus und den Brot- und Metzigbänken. Der erste größere Mauergürtel wurde aber auch gesprengt durch die zahlreichen Klosteranlagen des 13. Jhs.: durch das Kloster der Augustinereremiten, das Antoniterhaus, das Dominikanerkloster und nicht zuletzt durch das Heilig-Geist-Spital an der Marktstätte.

Aber mit dem Ende des 13. Jhs. war dann auch schon bald — nachdem noch um die Mitte desselben Jahrhunderts im Süden die *Neugasse* planmäßig angelegt worden war — die weiteste Ausdehnung der Stadt erreicht. Eine große Ummauerung vermochte gegen Ende des 13. Jhs. die ganze bis dahin erwachsene Stadt zu umfassen. Erweiterungen der Stadt erwiesen sich in der Folge nur noch möglich mit Hilfe der rechtlichen und fortifikatorischen Einbeziehung bereits vorhandener älterer ländlicher Siedlungen vor den Toren dieser letzten großen Mauer: im Süden der Siedlung um den alten bischöflichen Wirtschaftshof Stadelhofen, im Westen der wohl nicht viel jüngeren Fischersiedlung Paradies, die mit dem im 14. Jh. mehrmals genannten Weiler *Eggenhusen* identisch sein dürfte, und im Norden, jenseits des Rheins, der erst mit der Errichtung einer festen Rheinbrücke um 1200 möglich gewordenen Einbeziehung der um das Kloster Petershausen entstandenen Siedlung abhängiger Klosterleute.

Dieser Gesamtprozeß der Stadterweiterung und der Vorstadtbildung fand erst mit dem Ende des 15. Jhs. einen gewissen Abschluß, der sich schon äußerlich im Bau einer weitgespannten Stadtbefestigung mit rund 25 Toren und Türmen manifestierte, einer Befestigung, die nun auch die drei topographischen Einheiten der Innenstadt mit den Vorstädten Stadelhofen im Süden und Petershausen im Norden umfaßte. Die Vorstadt Paradies mußte — der großen Entfernung wegen — außerhalb bleiben; und ganz ohne stärkere rechtliche Bindung an die Stadt blieben die freilich noch innerhalb des Zwings und Banns der Vorstadt Petershausen, an der Allmannsdorfer Markungsgrenze liegenden Weiler *Hausen* und *Hinterhausen*, denen nicht einmal der Status von Vorstädten eignete.

Die Feldmark der Stadt, im wesentlichen zusammengesetzt aus den ursprünglich selbständigen Marken der zu Vorstädten gewordenen ländlichen Siedlungen, war von äußerst geringem Umfang. Lediglich im Umkreis von Petershausen verlief die Gemarkungsgrenze in etwas größerem Abstand von der Stadtmauer, und dasselbe trifft für das Gelände zwischen der Altstadt und der Vorstadt Paradies zu. Es bedeutet deswegen eine dringend notwendige Ergänzung dieser geringen Gemarkungsfläche, wenn die Stadt vom Ende des 13. Jhs. bis zum heutigen Tage die unmittelbar an das Paradies anschließenden, jedoch außerhalb des Konstanzer Zwings und Banns, seit 1499 gar in eidgenössischem Hoheitsgebiet gelegenen Wiesen des sog. *Tägermooses* als Gemeindeweide in ständigem Besitz halten konnte.

Innerhalb der Mauern des vom Ende des Mittelalters bis zum Beginn des 19. Jhs. in seinem Umfange weitgehend konstant bleibenden Stadtgebildes, das noch im 13. Jh. wesentlich durch die Bauten der an anderer Stelle zu beschreibenden kirchlichen Institutionen geprägt war, wuchsen nun seit dem 14. Jh. auch erstmals öffentliche Gebäude der Bürgergemeinde empor, so vorab das mächtige Kaufhaus am See (1388) und wohl noch im gleichen Jahrhundert das älteste Rathaus am Ostende des Fischmarktes, unweit der mittelalterlichen Schiffslandestelle. Dazu kamen etwa zur gleichen Zeit die zahlreichen Zunfthäuser, die — wie etwa das Haus der Zunft „zum Rosgarten" oder das Haus der Zunft „zum Thurgau" und nicht zuletzt das Haus der Patriziergesellschaft „zur Katze" — durch ihr repräsentatives Äußeres in der Altstadt wesentliche Akzente setzten.

Auch nach der Wende vom Mittelalter zur Neuzeit zeigte Konstanz im wesentlichen noch immer das Bild einer „geistlichen Stadt", zu der sie nicht nur die Kirchen, sondern auch die Vielzahl der Domherrenhöfe, der den beiden Stiften St. Stephan und St. Johann zugeordneten Chorherrenhäuser und der Kaplaneihäuser werden ließen. Immerhin kamen jedoch nach der Reformation mit der Errichtung der repräsentativen Stadtkanzlei zwischen Obermarkt und Marktstätte (1589—1594), mit dem Neubau des „ältesten" Rathauses am Fischmarkt (1733) und mit der Errichtung des Hauses „zum Weißen Pfau" (1752—54) an der heutigen Hussenstraße —

bestimmt für den Präsidenten der nach Konstanz verlegten K. K. Repräsentation und Kammer — noch einige wichtige weltliche Gebäude hinzu. Der Mauergürtel des 15. Jhs. aber wurde, sieht man von den vor allem im 18. Jh. vor die Mauern der Stadt gesetzten Garten- und Landhäusern der Konstanzer Patrizierfamilien einmal ab, bis zum Beginn des 19. Jhs. durch die Bebauung nicht überschritten.

Vor dem Mauerring des Spätmittelalters war allerdings — bedingt durch den Ausbau der Stadt zu einer österreichischen Festung — beginnend mit dem Jahre 1639 ein Festungssystem angelegt worden, das mit seinen Wällen, Gräben und Bastionen die Stadt vor allem gegen Westen hin schützen sollte. Dieses Festungssystem, das auch die nördlich des Rheins gelegene Vorstadt Petershausen umfaßte, war zwar noch in der ersten Hälfte des 19. Jhs. weitgehend erhalten, wurde dann aber nach der Jahrhundertmitte vollkommen eingeebnet.

KIRCHE

Bis zum Jahre 1821 blieb Konstanz Bischofsstadt und aus dieser besonderen Funktion als Stätte eines Bischofssitzes erklärt sich leicht die reiche Fülle kirchlicher Institutionen, deren Zahl dennoch den Vergleich mit denjenigen anderer deutscher Bischofsstädte nicht auszuhalten vermag.

Im Mittelpunkt des kirchlichen Lebens der Bischofsstadt stand verständlicherweise die Bischofskirche, das der Gottesmutter Maria und später dazu noch dem hl. Pelagius und dem hl. Konrad geweihte M ü n s t e r, das wir als Bauwerk erstmals ausdrücklich für die Mitte des 8. Jhs. erwähnt finden. Bis zum Tode des im Jahre 1123 kanonisierten Bischofs Konrad (934—975) und zu seiner bald darauf einsetzenden Verehrung dürfte sehr wahrscheinlich das Reliquiengrab unter dem Münsteraltar (wohl mit den Reliquien des offenbar seit der Wende vom 9. zum 10. Jh. in Konstanz verehrten hl. Pelagius) das Zentrum religiösen Kultes in der Bischofskirche gebildet haben. Mit seiner Heiligsprechung erlangte dann auch Konrad — ähnlich wie schon bedeutend früher Pelagius — Geltung als Bistumspatron und im Spätmittelalter daneben auch als Patron der bürgerlichen Stadt Konstanz.

Bis ins 13. Jh. hinein waren es einzig und allein die Bischöfe, die innerhalb der Stadt und ihrer nächsten Außenbereiche weitere kirchliche Institutionen gründeten. Bestand im frühen Mittelalter neben der Bischofskirche lediglich eine einzige weitere Kirche, nämlich *St. Stephan*, so wurde vor allem das 10. Jh. zur Epoche zahlreicher bischöflicher K i r c h e n g r ü n d u n g e n. Zu Beginn des 10. Jhs. hatte offenbar Salomo III. der St. Stephanskirche ein Chorherrenstift angefügt, das er ursprünglich in Salmsach, nahe bei Arbon, gegründet haben mochte.

Dann aber kam es zu eigentlichen Kirchen-Neugründungen vor allem auf Initiative des Bischofs Konrad: ihm verdankt die *Mauritiuskirche* nahe dem Chor des Münsters mit der innerhalb ihres Rundbaus stehenden Nachbildung des hl. Grabes ihre Entstehung; sie diente zugleich als Kirche für eine ebenfalls von Konrad ins Leben gerufene Kanonikergemeinschaft, deren Existenz bis ins 12. Jh. hinein nachweisbar ist. Mit der gleichfalls auf Konrad zurückgehenden Gründung der Kirche *St. Johann* in nächster Nähe des Münsters, aber doch bereits innerhalb des alten Siedlungsbezirks der Niederburg, und mit der Errichtung der Kirchen St. Lorenz und St. Paul „vor den Mauern" der Stadt (des 10. Jhs.) war im wesentlichen zugleich die Grundlage für die freilich erst im Spätmittelalter genauer sichtbar werdende Pfarreinteilung der Stadt geschaffen: denn neben St. Stephan, das den weitaus umfangreichsten Teil der Stadt zu seinem Pfarrsprengel zählte, hatten die Pfarrkirche St. Johann, zu der im Jahre 1266 eine ganz dem Vorbild von St. Stephan nachgebildete Chorherrengemeinschaft hinzukam, die Pfarrechte für die Niederburg, und *St. Paul* die Pfarrechte für einige Häuserreihen im Bereich der heutigen Hussenstraße.

Im gleichen 10. Jh. erfolgte aber auch eine Klostergründung im Außenbereich der Stadt: Bischof Gebhard (979—995) stiftete auf ursprünglich reichenauischem Grund und Boden das Kloster *Petershausen*, das — neben St. Gallen und der Reichenau — zu einer der bedeutendsten Reichsabteien im Bodenseegebiet heranwachsen sollte.

All diese im 10. Jh. im Umkreis der Bischofskirche offenbar nach dem Vorbild der fünf stadtrömischen Patriarchalkirchen neu gegründeten kirchlichen Institutionen, standen nun freilich keineswegs ohne Zusammenhang nebeneinander: nicht nur, daß die Besetzung der Pfarrkirchen St. Paul und St. Johann schon früh dem Dompropst zugestanden wurde; all den neugegründeten Kirchen kam bis in die Neuzeit beispielsweise als Stationen in den zahlreichen Prozessionen des Domklerus eine spezifische Rolle zu, und vor allem den Kirchen St. Stephan und St. Mauritius wurde beinahe in allen liturgischen Handlungen der Domkleriker, soweit sie über die Bischofskirche hinausgriffen, eine herausragende Bedeutung zuerkannt.

Sind die Vorgänge um die bischöflichen Kirchengründungen des 10. Jhs. relativ gut zu erfassen, so liegen die Gründungen des 12. Jhs. dagegen weitgehend im Dunkeln: einmal ist es unklar, inwieweit die Gründung eines Augustinerchorherrenstifts im Süden, vor den Toren der Stadt, des späteren Stiftes *Kreuzlingen*, durch Bischof Ulrich I. (1111—1127) tatsächlich die Tradition eines angeblich ebenfalls vom hl. Konrad ursprünglich in der Stadt gegründeten bischöflichen Hospitals fortsetzte, und zum andern sind wir völlig im ungewissen über die Anfänge des im Westen vor der Stadt gelegenen *Schottenklosters*, das zwar erst 1220 urkundlich belegt, den Beginn seiner Existenz dennoch bereits ins 12. Jh. zurückführen dürfte.

Waren es bis dahin die Bischöfe, die die Gestalt des kirchlichen Konstanz entscheidend prägten, so ist es nun, im 13. Jh., das aufstrebende Bürgertum, ja sogar die nun rechtsfähig gewordene Stadtgemeinde selbst, die sich wesentlich an der Intensivierung des religiösen Lebens in der Stadt beteiligen: diese Beteiligung ist noch kaum sichtbar bei der frühesten Gründung eines Bettelordensklosters, bei der Gründung des *Dominikanerklosters auf der Insel* (1236), das im 14. Jh. den Magister *Heinrich Suso* unter seinen Mönchen beherbergte. Konstanzer Bürger wirken aber dann entscheidend mit bei der Verlegung des zunächst nahe der Münzgasse gegründeten *Franziskanerklosters* (1250) an die westliche Stadtmauer und bei der Gründung des Klosters der *Augustinereremiten* in der Nähe des Rindermarktes (1268) und der zahlreichen spätmittelalterlichen, in Bürgerhäusern errichteten *Schwestern-* und *Brudersammlungen*, etwa der Brüder „der willigen armůt“, der Schwestern „in der mentellerinnen hus“, der Schwestern „im tůrn“ und der Klause bei St. Paul.

Ganz wesentlich auf bürgerliche Initiative geht jedoch die um 1225 erfolgte Gründung des *Heiliggeistspitals* an der Marktstätte zurück, das zusammen mit den anderen Wohlfahrtseinrichtungen der Stadt — den *Leprosenhäusern* „der armen Siechen am Feld“ in Kreuzlingen und „zur inneren Tanne“ am Hard und dem Seelhaus, d. h. der Elendenherberge bei St. Jodok — trotz seines besonderen Rechtsstatus dennoch zu den kirchlichen Institutionen gezählt werden darf. Seine wesentliche Ausstattung mit Besitzungen und Rechten erlangte das Heiliggeistspital vor allem im Bereich des Linzgaus. Wie die anderen Wohlfahrtseinrichtungen — abgesehen von dem bischöflichen Spital an der Rheinbrücke und dem Antoniterspital am Paradiesertor — kam auch das Heiliggeistspital bald unter die Pflegschaft der Stadtgemeinde.

Bürgerschaftlicher Initiative verdankt auch die Stiftung der Kapelle *St. Jodok-St. Jost* (um 1399) bei der Elendenherberge in der Vorstadt Stadelhofen ihren Ursprung; St. Jodok erlangte allmählich Pfarrechte für eben diese Vorstadt und wurde zur Filiale der zum Kreuzlinger Augustinerchorherrenstift gehörigen Pfarrkirche. Und von Bürgern wurde endlich auch die Hl.-Kreuz-Kapelle auf Bernrain, im Westen der Stadt, am Rande des Thurgauer Seerückens, gegründet.

Die allmähliche „Verbürgerschaftlichung“ des kirchlichen Lebens innerhalb der Stadt zeigte sich dann aber auch in der Übernahme der Kirchenpflegschaft über die Hauptpfarrkirche, die Leutkirche St. Stephan im alten Marktbereich, eine Kirche, die seit Ende des 15. Jhs. zugleich Ort der jährlichen Ablegung des Bürgereides war; sie dokumentierte sich jedoch vor allem in der Ausgestaltung der möglicherweise schon im 10. Jh. entstandenen Kapelle *St. Lorenz* am Obermarkt zur *Ratskapelle*, deren Dach die Ratsglocke trug, und in der dreimal in der Woche vor der Ratssitzung in Anwesenheit der Ratsherren eine Messe gelesen wurde.

Das Bild des spätmittelalterlichen kirchlichen Lebens in der Stadt ist aber erst voll abgerundet, wenn man das Auftreten zahlreicher religiöser *Bruderschaften* an den Kirchen der Stadt, und wenn man die vielen, meist mit Hauskapellen ausgestatteten *Stadthöfe auswärtiger Klöster* in der Bischofsstadt mit hinzunimmt: über solche Absteigequartiere verfügten etwa die Abtei Salem, das Kloster Münsterlingen, das Stift Kreuzlingen, die Deutschordenskommende Mainau, die Abtei Reichenau, das Kloster Paradies bei Schaffhausen, die Propstei Öhningen und das Frauenkloster Wald.

In diesem Rahmen, anknüpfend vor allem an die vorhandenen kirchlichen Institutionen, spielte sich während mehr als drei Jahren (1414—1418) das Geschehen des nach Konstanz einberufenen K o n z i l s ab, das die Stadt für kurze Zeit in den Mittelpunkt des Weltinteresses rückte, zumal mit dem Konzil auch Prozeß,

Verurteilung und Hinrichtung des Jan Hus verbunden waren. Im Mittelpunkt der Konzilsereignisse stand — wie nicht anders zu erwarten — die Bischofskirche als Aula der Sessionen, standen aber auch das Dominikanerkloster, das Augustinerkloster und das Franziskanerkloster als Versammlungsorte der Konzils-Nationen und stand endlich die Stifts- und Pfarrkirche St. Stephan als Tagungsstätte des päpstlichen Gerichts, der Rota. Nur einmal hat auch ein weltliches Gebäude in den Handlungen des Konzils für wenige Tage eine entscheidende Rolle gespielt: das Kaufhaus am See als Stätte des Konklaves zur Wahl eines neuen Papstes im Jahre 1417, aus der Papst Martin V. hervorgehen sollte.

Diente das kirchliche Konstanz dem Konzil nur als Stätte eines überlokalen Geschehens, so ist demgegenüber ein anderes, einhundert Jahre später eintretendes Ereignis als entscheidender Einschnitt in eben dieses voll und reich ausgebildete kirchliche Leben der spätmittelalterlichen Bischofsstadt zu bewerten. Schon früh hatte die evangelische Lehre sowohl lutherischer als auch zwinglischer Prägung vor allem in dem vielfach die Mitglieder des Rats stellenden Patriziat Eingang gefunden. Angehörige der Familien Blarer und Zwick trugen entscheidend zur raschen Verbreitung der neuen Lehre innerhalb der Bischofsstadt bei.

Der Rat der Stadt, der schon seit dem endenden 13. Jh. vielfach eine Kirchenherrschaft ausgeübt hatte und nun seit 1522 mehrheitlich hinter der R e f o r m a t i o n stand, nahm denn auch schon bald ihre Durchsetzung innerhalb der Stadt energisch und konsequent in seine Hand und erreichte es, daß allzu große Gewaltanwendung bei dieser weit über das kirchliche Leben hinausgreifenden Neuordnung vermieden wurde. Dennoch waren die Eingriffe einschneidend: die meisten Klöster wurden säkularisiert und in den Pfarrkirchen evangelische Prädikanten vom Rat eingesetzt. Diese konsequente Politik führte 1526 zum *Abzug des Bischofs* aus seiner Stadt nach dem bischöflichen Schloß Meersburg, wo er von nun an beinahe ununterbrochen seine Residenz beibehalten sollte, und sie führte außerdem zum Auszug des Domkapitels nach Überlingen im gleichen Jahre. Damit war ein entscheidendes Hindernis für die weitere Ausbreitung der Reformation in der Stadt überwunden. Mit dem Erlaß mehrerer aufeinanderfolgender Reformationsordnungen, vor allem aber mit dem Erlaß der *Zuchtordnung* im Jahre 1531, in der der Rat Maßregeln für das sittliche Verhalten des Einzelnen traf, konnte die Durchführung der Reformation als weitgehend abgeschlossen gelten. Bis zum Jahre 1537 waren alle Konstanzer Klöster praktisch aufgelöst und die eingezogenen Kirchengüter einer allgemeinen *Kirchenpflege* unterstellt.

Indessen hatte die nicht sonderlich geschickte Politik der seit dem Jahre 1531 dem Schmalkaldischen Bund angehörenden Stadt die äußere Lage des Gemeinwesens in den 40er Jahren des 16. Jhs. allmählich derart prekär werden lassen, daß sich die Stadt schließlich im Herbst 1548 von kaiserlichen Truppen besetzt sah; aus der Reichsstadt wurde eine österreichische Landstadt, der K a t h o l i z i s m u s fand sich Schritt für Schritt wieder eingeführt, und die kirchlichen Institutionen und ihre Vermögen wurden restituiert. Ein königlicher Erlaß vom Palmsonntag des Jahres 1551, der allen Bürgern und Einwohnern die Ausübung des katholischen

Glaubens gebot und die Praktizierung des protestantischen Bekenntnisses unter schwere Strafen stellte, führte diese zwangsweise Rekatholisierung zu Ende. Die kirchlichen Verhältnisse, wie sie vor Einführung der Reformation geherrscht hatten, waren im wesentlichen wiederhergestellt.

War der alte Glaube äußerlich wieder in der Stadt heimisch geworden, so bedurfte es zu seiner inneren Festigung jedoch auch in den folgenden Jahrzehnten offensichtlich noch immer gewisser Anstrengungen, die vor allem in der Berufung von *Jesuiten* nach Konstanz und in der Begründung eines Jesuitenkollegs und eines damit verbundenen Gymnasiums im Jahre 1592 bzw. 1604 ihren besonderen Ausdruck fanden. Auch die Gründung eines *Kapuzinerklosters* (1603), das seinen endgültigen Platz in der Stadtmitte fand, trug wesentlich zur Intensivierung des religiösen Lebens bei. Aber bereits 150 Jahre später fiel den kirchenpolitischen Maßnahmen Josephs II. eine ganze Reihe kirchlicher Institutionen zum Opfer: so die Klöster der Augustiner, der Dominikaner, der Franziskaner und der Kapuziner. Mit diesen Klosteraufhebungen begann ein Prozeß, der in den Säkularisationen des frühen 19. Jhs. seinen endgültigen Abschluß fand.

STADTHERREN UND STADTGEMEINDE

Von einer weitgehend mündig gewordenen, rechtlich und politisch selbständig handelnden Bürgerschaft kann in Konstanz vor dem 12. Jh. kaum die Rede sein. Zwar gibt es bereits für das 10. Jh. schwache Hinweise auf das Bestehen einer Einung der Bürger, einer *coniuratio civium*, die auf ein gewisses Mitspracherecht der cives bei der Gestaltung ihrer eigenen Belange schließen läßt, zwar zeigen sich die Bürger während der Wirren des Investiturstreits — im Jahre 1092 — durchaus in der Lage, ihre Stadt ohne Hilfe des Bischofs zu verteidigen, aber entscheidend sind bis ins 12. Jh., ja teilweise noch bis ins 14. Jh. hinein die Rechte des Herrn des um 900 erstmals in den Quellen deutlich werdenden Marktes und der zugehörigen Siedlung, aus denen dann allmählich die Stadt erwachsen war, nämlich des Bischofs, als dessen Repräsentant gegenüber der Stadtgemeinde bis zum Ende des alten Reiches der Stadtammann fungierte; er übte in bischöflichem Auftrage die niedere Gerichtsbarkeit innerhalb der Stadt aus. Der für das Jahr 912 erwähnte bischöfliche *rector* in der „civitas Constantia“ mag bereits als sein institutioneller Vorläufer gegolten haben. Auf alle Fälle werden wir in ihm den Richter innerhalb des Marktbezirks sehen dürfen. Diesem Marktbereich eignete ein besonderer Marktfrieden, und sein — uns im einzelnen unbekanntes — Recht, die „iustitia et libertas Constantiensis“, wurde noch bis ins beginnende 12. Jh. hinein für andere Marktgründungen im Bereich des deutschen Südwestens zum Vorbild genommen, so etwa für Allensbach, Villingen und Radolfzell. Möglicherweise mag der noch um 1500 feststellbare Radolfzeller Rechtszug nach Konstanz in diesem frühen Verweis auf Konstanzer Recht seinen Urspung haben.

Die Herrschaft des Bischofs über das entstehende Stadtgebilde beruhte auf seinen Rechten innerhalb der sog. Bischofshöri, des frühesten Ausstattungsguts des Bistums links des Rheins, in das auch der Markt hineingegründet worden war; diese „Bischofshöri“ war von der Gewalt des im umliegenden Thurgau amtierenden Grafen eximiert. Als Hochrichter war in diesem gesamten Immunitätsgebiet und damit auch im Marktbereich der vom Bischof bestellte *Vogt*, bis zum Beginn des 13. Jhs. ein Mitglied des Heiligenberger Grafenhauses, tätig.

So waren denn bis dahin sowohl die niedere wie die hohe Gerichtsbarkeit letztlich in bischöflichen Händen; und der bischöfliche Ammann, der stets ein Konstanzer Stadtbürger sein mußte, hatte über seine Gerichtsbefugnis hinaus bis zum Ende des Alten Reiches auch noch andere, mit der Gerichtsbarkeit über den Markt zusammenhängende Eingriffsrechte durch die Gewerbeaufsicht: So eigneten ihm die Aufsicht über die noch bis in die Neuzeit hinein vom Bischof zu Lehen gehenden Metzigbänke im ältesten Marktbereich um St. Stephan und die mehrmalige wöchentliche Brotschau.

Wenn nun — seit der Mitte des 12. Jhs. — das Mitspracherecht der Bürgerschaft bei stadtherrlichen Akten erstmals deutlicher und durch das gegen die Erhebung einer bischöflichen Stadtsteuer gerichtete, unmittelbar an die Bürgerschaft adressierte Privileg Heinrichs VI. von 1192 sogar augenfällig betont wird, so darf dennoch nicht übersehen werden, daß auch nach der Entstehung des Rats als Organ der Bürgerschaft im 1. Viertel des 13. Jhs. der bischöfliche Ammann dessen Vorsitz innehat. Das ist nicht weiter verwunderlich, wenn man sich vergegenwärtigt, daß die Mitglieder des Rats mit den Beisitzern des bischöflichen Ammanngerichts personengleich sind.

Und dennoch beginnt nun, seit der Ausbildung des Rats, der sich bis ins 16. Jh. hineinziehende Vorgang der Aushöhlung dieser stadtherrlichen Rechte, ein Vorgang, der freilich nicht geradlinig, sondern in einem steten Auf und Ab verläuft. Bereits um die Mitte des 13. Jhs., aus der wir bezeichnenderweise auch das erste uns bekannte *Stadtsiegel* (von 1246) besitzen, kommt es zu einem schweren Zusammenstoß zwischen Bischof und Stadtbürgerschaft, offenbar hauptsächlich veranlaßt durch die Belegung von geistlichen und von kirchlichen Gebäuden mit einer städtischen Steuer. Die Stadt wird zum Einlenken gezwungen und muß vor allem auf das Organ des Rats Verzicht leisten. Aber bereits im Jahre 1259 ist die Tätigkeit des Rats wieder urkundlich zu fassen, und aus den 80er Jahren des 13. Jhs. besitzen wir dann auch die ältesten *Ratsgesetze*, die sich durchweg auf den Leinwandhandel beziehen. Sie sind damit älter als der ursprünglich für die älteste Sammlung von Satzungen angesehene Konstanzer *Richtebrief*, der — möglicherweise auf einer Zürcher Vorlage beruhend — heute eher in die erste Hälfte des 14. Jhs. datiert wird.

Für die letzten Jahrzehnte des 13. Jhs. und für die ersten Jahrzehnte des 14. Jhs. besitzen wir noch einige weitere Hinweise auf das Wiedererstarken der bürgerlichen Selbstverwaltung, so etwa in der auf die Zeit um 1260 zu datierenden Entstehung eines eigenen Stadtschreiberamts und in der erstmaligen Nennung eines vom Rat selbst bestellten *Bürgermeisters* für das Jahr 1308; die Wahl eines Bürgermeisters wird indessen erst nach 1370 zu einer ständigen Einrichtung.

Das Erstarken der bürgerlichen Selbstverwaltung und die damit korrespondierende Aushöhlung der stadtherrlichen Rechte des Bischofs wurden nun freilich dadurch sehr begünstigt, daß Konstanz als eine zum Reichskirchengut gehörende Bischofsstadt nicht nur dem Bischof, sondern — in gewissem Umfang — auch dem König untertan war, ein Rechtsverhältnis, das denn auch dazu führen konnte, daß der Rat und die Bürgerschaft einerseits und das Königtum andererseits die Stadt im 14. und 15. Jh. immer mehr als „Reichsstadt" ansprachen. Diese Eigenschaft kann ihr indessen nur bedingt zugesprochen werden, denn immerhin hat noch im Jahre 1496 der Rat der Stadt den neugewählten Bischof Hugo von Hohenlandenberg als „Herr ainer statt Constanz" begrüßt.

Aber dennoch war die Bischofsstadt Konstanz auch dem Reich verbunden, für das der Ort schon zur späten Karolingerzeit eine gewisse Bedeutung erlangt hatte. Den ersten Königsaufenthalt in Konstanz kennen wir für Kaiser Arnulf, und vor allem unter Bischof Salomo III. (890—919), der dann auch als erster Konstanzer Bischof seinen Namen neben den Namen des Königs auf die bis dahin einzig und allein mit dessen Namen versehene Münze setzte, erlangte der Bischofssitz Konstanz eine erhöhte Bedeutung für das Reich. Unter den ottonischen und salischen Herrschern freilich wurden Königsaufenthalte in Konstanz seltener; erst unter Konrad III. und vor allem unter Friedrich I. stiegen sie geradezu sprunghaft an. Die reichspolitische Bedeutung des Bischofssitzes Konstanz wurde aber vor allem durch politisch hochbedeutsame Reichstage unterstrichen, die Friedrich Barbarossa hier abhielt und deren topographischen Mittelpunkt die dem Bischof und dem König möglicherweise gemeinsam gehörende (Bischofs-)*Pfalz* auf dem Münsterhügel gebildet zu haben scheint. Parallel zu dieser starken Beanspruchung des Bischofssitzes Konstanz durch das Reich ist dann aber andererseits eine entsprechende Stärkung der Ausstattung des Bistums festzustellen, gekennzeichnet vor allem durch bedeutende königliche Schenkungen und durch die zweimalige Privilegierung der bischöflichen Fährrechte über den See.

Aber all diese Akte betrafen ausschließlich den Bischof, das Bistum und den Bischofssitz. Um so mehr überrascht es, daß *Heinrich VI.* mit seinem *Privileg* vom 24. IX. 1192 sich nun — eindeutig gegen den Bischof — unmittelbar an die Bürgerschaft wandte und damit erstmals eine rechtliche Verbindung zwischen Stadtbürgerschaft und Königtum unter Umgehung des Bischofs herstellte. Wenn man die zahlreichen, das ganze Spätmittelalter hindurch zu beobachtenden Erneuerungen dieses Privilegs berücksichtigt, dann wird man hieraus die Bedeutung ablesen dürfen, die die Bürgerschaft diesem Diplom, das dennoch mit keinem Wort von der Reichsfreiheit spricht, beigelegt hat.

Immerhin ist nun die Stadtbürgerschaft zur Partnerin des Königs geworden, der von nun an — neben oder genauer über dem Bischof stehend — als zweiter Stadtherr anzusehen ist, — ein Verhältnis, das am klarsten in der Reichssteuerliste von 1241 zum Ausdruck kommt, derzufolge die von der Stadt zu leistende Steuer zur Hälfte dem Kaiser und zur Hälfte dem Bischof zufließt.

Ständiger Vertreter des Königs in der Stadt war seit etwa der Mitte des 13. Jhs. der *Reichsvogt*, der die Hochgerichtsbarkeit ausübte. Die Existenz einer Reichsvogtei über Konstanz ist erstmals für das Jahr 1249 belegt; sie scheint — auf bislang noch nicht geklärte Weise — an die Stelle des vom Bischof nachweisbar bis 1213 besetzten Vogtamts getreten zu sein. Durch Verpfändung kam sie allerdings bereits 1375 (1384?) in den Besitz der Stadt, die sogar von 1413 an dem Reichsvogt den Bann leihen durfte.

So waren nun die Rechte und Befugnisse in der Stadt und über die Stadt gewissermaßen dreigeteilt: auf der einen Seite standen — als Stadtherren — der Bischof und der König; beiden wurde Jahrhunderte hindurch beim Herrschaftsantritt bzw. beim Einzug in die Stadt mit beinahe gleichem Zeremoniell ein feierlicher Empfang von der Stadtbürgerschaft bereitet; und gegenüber beiden wurde der Bürgereid abgelegt, dem Bischof vor der Pfalz, dem König bis gegen das Ende des 15. Jhs. im Kaufhaus und von da an in der Pfarr- und Stiftskirche St. Stephan. Auf der anderen Seite stand der Rat der Stadt, dessen Kompetenzen — im wesentlichen auf Kosten des Bischofs — immer umfangreicher wurden. So hatte denn seit 1384 ein jeder Bischof bei seinem Herrschaftsantritt gegenüber der Stadt vier Versprechen abzugeben: er versprach die Ausgabe bischöflicher Lehen an Konstanzer Bürger; er verpflichtete sich, das geistliche Gericht in Konstanz zu belassen; er erklärte, das Ammannamt nur mit einem Bürger besetzen zu wollen, und er versprach das Verbleiben der Münze in Konstanz.

So mußte es denn dazu kommen, daß beispielsweise auf dem Gebiet der Gerichtsbarkeit der bischöfliche Ammann, der noch bis zur Mitte des 14. Jhs. die streitige Gerichtsbarkeit innehatte, diese Gerechtsame allmählich an den Rat verlor, und daß sein Gericht zu einer im wesentlichen Rechtsgeschäfte beurkundenden Behörde wurde. Demgegenüber kam nun dem Rat seit 1376 hauptsächlich die streitige Ziviljustiz zu und ebenso die Aburteilung der Ungerichte und Frevel. Im gleichen Jahre 1376 begründete der Rat durch die Einsetzung der „Sieben Richter auf dem Tor" gar noch ein Sondergericht für Schuldsachen, und im Jahre 1540 ist der Rat endlich sogar zur ausschließlichen Fertigungsbehörde geworden. Seitdem der Rat dann auch noch die Reichsvogtei innehatte und den Vogt selbst setzen konnte, standen ihm nicht nur die wichtigsten niedergerichtlichen Rechte, sondern auch die Blutgerichtsbarkeit zu.

Dazu kam eine stetige Ausweitung der rechtssetzenden Befugnisse des Rats auf immer neue Bereiche, ein Vorgang der wohl am deutlichsten ablesbar ist an der ständig neue Typen hervorbringenden Führung zahlreicher Amtsbücher.

Um die Mitte des 14. Jhs. bahnte sich jedoch nicht nur im Verhältnis der Stadt zu ihrem Herrn, sondern auch in der Herrschaftsstruktur der Stadt selbst eine entscheidende Wende an: im Jahre 1342 hatten erstmals die Handwerker, die dadurch ihren sozialen Aufstieg unter Beweis stellten, durch einen Aufstand ihre Ansprüche auf eine aktive Mitbeteiligung am Stadtregiment kundgetan und hatten so die sog. Geschlechter, die Mitglieder des Konstanzer Patriziats, die bislang und auch weiterhin den aus 10 Mitgliedern bestehenden Kleinen und den aus 20 Mitgliedern bestehenden Großen Rat beherrschten, gezwungen, die Autonomie der sich jetzt bildenden Zünfte unter der Aufsicht des Rats anzuerkennen.

Parallel zu einem erneut entbrannten Grundsatzstreit zwischen Bischof und Bürgerschaft um die stadtherrlichen Rechte, ausgelöst durch das für Bischof Heinrich III. von Brandis ausgestellte, auf gefälschten Vorlagen beruhende Privileg Karls IV. vom 11. Oktober 1357 kam es im Jahre 1370 zu neuen revolutionären Umwälzungen in der Stadt, die zwei entscheidende Verfassungsänderungen zur Folge hatten: sowohl der Große als auch der Kleine Rat sollten künftig zur Hälfte aus den „Geschlechtern“ und zur Hälfte aus der „Gemeinde“, d. h. aus den Vertretern der 19 Zünfte bestehen. Zugleich wurde von nun an die Bürgermeisterwahl zur ständigen Einrichtung erhoben. Und etwa aus derselben Zeit datieren auch die sog. geschworenen Satzungen, die schon durch ihre Bezeichnung einen Hinweis darauf geben, daß jetzt auch die jährliche Vereidigung der Bürgerschaft obligatorisch wurde.

Eine weitere Veränderung zugunsten der Zünfte erfuhr die Ratsverfassung um die Wende vom 14. zum 15. Jh., ohne daß diesmal der Anstoß von außen gekommen wäre: von nun an stellten die Zünfte 2/3 der Ratsmitglieder, während die „Geschlechter“ nur noch 1/3 der Ratsherren stellen durften.

Die letzte große Verfassungsänderung des Mittelalters, die die Herrschaftsverhältnisse innerhalb der Stadt für das nächste Jahrhundert bestimmen sollte, brachte der *Zunftaufstand von 1429/30*. Er wurde veranlaßt durch das Paktieren der reichen Zunftmitglieder mit den Patriziern. Zwar kam es zur Flucht von 59 Patriziern, zumeist nach Schaffhausen; aber der Streit endete dennoch mit einer völligen Niederlage der Zünfte. Die Folge war eine durch König Sigmund vorgenommene Verfassungsrevision, durch die der Kleine Rat auf 20 Mitglieder, zu denen noch Vogt, Ammann und Bürgermeister hinzukamen, verkleinert und die Gleichheit zwischen „Geschlechtern“ und „Gemeinde“ im Rat wiederhergestellt wurde. Dementsprechend hatte der Große Rat künftig aus 15 Patriziern und Zunftangehörigen zu bestehen. Noch entscheidender aber war, daß die Zahl der Zünfte auf die Hälfte, nämlich auf 10, vermindert wurde. Die Verfassungsrevision setzte gleichzeitig fest, daß Bürgermeister und Vogt vom Großen Rat gewählt werden sollen, und daß andererseits Bürgermeister, Vogt und Kleiner Rat alle weiteren Ämter zu besetzen hätten, deren wichtigste das Amt des Stadtschreibers sowie die Ämter der Ungelter, der Weinungelter, Fechter, Weinunterkäufer, Seckler, Oberbaumeister und Gredmeister waren.

Zwei wichtige Bestimmungen wurden von König Sigmund auch über die Ausübung der Gerichtsbarkeiten getroffen: einmal sollte der Vogt mit dem kleinen Rat über das Blut richten und zum andern sollte der Rat Richter für das Gericht des vom Bischof bestellten Niederrichters, des Ammanns, berufen.

Das im Jahre 1362 durch Karl IV. nach dem Vorbild des Rottweiler Hofgerichts für Konstanz eingerichtete Landgericht scheint um diese Zeit bereits nicht mehr in Funktion gewesen zu sein.

Im Laufe des 15. Jhs. konsolidierte sich allmählich auch das lange Zeit angespannte Verhältnis zwischen Bischof und Stadtbürgerschaft, nachdem 1384 erstmals im sog. *Burgrecht* eine neue Vertragsform zwischen Bischof und Stadt gefunden worden war. Die Stadtgemeinde war gegenüber dem Bischof zu einem weitgehend selbständig handelnden Partner geworden; die Gerichts- und Herrschaftsrechte des Bischofs waren demgegenüber immer mehr auf die Domgeistlichkeit, auf seine Eigenleute, seine Dienstleute und Hofhandwerker und auf die Bewohner des Immunitätsbezirks am Oberen und Unteren Münsterhof eingeschränkt worden. Die Stadt konnte es — trotz nicht ganz eindeutiger Rechtsgrundlagen — wagen, sich als Reichsstadt („des Richs statt") zu bezeichnen.

Parallel zur Festigung der Ratsgewalt im Innern und gegenüber dem bischöflichen Stadtherrn gingen drei Vorgänge, die die Stadt auch nach außen über den Mauerring hinaus wirksam zeigen: einmal die Einbeziehung einiger vor den Toren der Stadt gelegener ländlicher Siedlungen (Stadelhofen, Petershausen und Paradies) in den Geltungsbereich des Stadtrechts und ihre „Erhebung" zu Vorstädten, zum andern die Schaffung eines städtischen Territoriums im Süden der Stadt, auf thurgauischem Gebiet, und endlich eine aktive Bündnispolitik mit den übrigen Städten des Bodenseegebiets.

Die Bildung von Vorstädten hatte offenbar schon im 12. Jh. mit einer im Umkreis des bischöflichen Fronhofes *Stadelhofen* erwachsenen Hörigensiedlung ihren Anfang genommen, einer Siedlung, die bereits um das Jahr 1170 als *suburbium* bezeichnet wurde. Die Einbeziehung von Stadelhofen in den Rechtsbereich der Stadt vermochte indessen erst intensiver zu werden, als mit der letzten Erweiterung des inneren Stadtbereichs gegen Süden hin um das Jahr 1250 die Stadt beinahe mit Stadelhofen zusammengewachsen war. Zu Beginn des 15. Jhs. ist Stadelhofen dann auch fortifikatorisch in die Stadt einbezogen worden, wenn auch der alte, innere Mauerbering Altstadt und Vorstadt rein äußerlich noch immer trennte.

Besser beobachten läßt sich das Werden der Vorstadt *Petershausen* im Norden. Hier hatte sich schon bald nach der Gründung des Klosters eine aus Ober- und Unterdorf bestehende Hörigensiedlung gebildet, über die der Abt die Niedergerichtsbarkeit innehatte. Schon im 14. Jh. stand dem Abt eine eigene, selbständig handelnde Dorfgemeinde in Petershausen gegenüber. Bereits gegen Ende desselben Jahrhunderts machte sich indessen der Einfluß der seit rund 1200 mit dem Kloster durch eine Brücke verbundenen Stadt bemerkbar, einerseits durch die immer zahlreicher werdende Aufnahme von Petershausener Dorfinsassen in das städtische Bürgerrecht, zum andern durch den Versuch, die städtische Steuer auch auf Nichtbürger in Petershausen auszudehnen, und schließlich durch die Ausweitung des Geltungsbereichs der Ratssatzungen auch auf Petershausen. Nachdem die Stadt zu Beginn des 15. Jhs. das Recht erlangt hatte, die Hochgerichtsbarkeit durch den von ihr eingesetzten Reichsvogt ausüben zu lassen, und nachdem es ihr gelungen war, die selbständige Dorfgemeinde niederzudrücken und stattdessen in Petershausen einen eigenen Hauptmann einzusetzen und das Dorf mit der Stadtmauer zu umgeben, gelang es ihr nach langwierigen Kämpfen gegen Ende des 16. Jhs., auch die Niedere Gerichtsbarkeit über das seit 1417 als „Vorstadt" bezeichnete Dorf mit Ausnahme des engsten Klosterbezirks zu erwerben.

Die hier nur langsam zu erringenden Rechte waren indessen im Westen, vor der Stadt, in der Gegend des einst hier gegründeten Klarissenklosters *Paradies*, in dem Weiler Eggenhusen, der seit dem Ende des 14. Jhs. nur noch nach dem seit langem weiter rheinabwärts verlegten Kloster einfach „Paradies" hieß, offenbar schon früher durchzusetzen gewesen. Aber auch hier sind die starke Zunahme der Bürgeraufnahme seit dem endenden 14. Jh., die Durchsetzung der Stadtsteuer im 15. Jh. und — in der ersten Hälfte des 15. Jhs. — das Geltendmachen von Ratssatzungen, sowie — ähnlich wie in Petershausen — die Niederdrückung einer selbständigen Dorfgemeinde deutlich zu verfolgen. Die Bezeichnung „vorstadt Paradieß zů Costantz" zeigt auch hier einen gewissen Abschluß der Entwicklung an. Der abseitigen Lage wegen mußte freilich eine fortifikatorische Einbeziehung im Falle des Paradieses ausscheiden.

Hatte der Vorgang der Stadterweiterung durch Bildung von Vorstädten, der zu Ende des 16. Jhs. seinen Abschluß fand, nur die der Stadt unmittelbar benachbart gelegenen Siedlungen erfaßt, so griff die Stadt seit dem 14. Jh. auch weit über ihren engsten Bezirk hinaus in das unmittelbar vor ihren Toren im Süden gelegene Gebiet. Dabei zeigte sich immer eindeutiger die Absicht der Stadt, sich hier im Bereich des Thurgaus ein e i g e n e s T e r r i t o r i u m aufzubauen.

Besaß die Stadt schon seit dem 13. Jh. auf später eidgenössischem Staatsgebiet das unmittelbar an das Paradies anschließende Tägermoos, so gelang ihr im Jahre 1447 der Erwerb der ungefähr mit dem Immunitätsbezirk der Bischofshöri identischen *Vogtei Eggen*, einer mehrere Dörfer südlich von Konstanz umfassenden ehemaligen Reichsvogtei.

Seit dem Ende des 14. Jhs. vermochte die Stadt überdies in vielen Dörfern des Thurgaus Ausbürger zu gewinnen, eine höchst wertvolle Voraussetzung, um auch weitere Rechte durchzusetzen. Ein ganz entscheidender Schritt hin zur Territorienbildung aber gelang der Stadt mit der Pfandnahme des *Landgerichts im Thurgau*, verbunden mit weiteren, allerdings bald wieder verlorengegangenen Rechten, aus der Hand König Sigmunds im Jahre 1417. Die Stätte des Landgerichts, das bis dahin gewöhnlich bei Winterthur getagt hatte, wurde vor die Mauern der Stadt verlegt; der Konstanzer Reichsvogt erhielt 1468 zu seiner bisherigen Funktion zugleich das Amt des von der Stadt eingesetzten Landrichters im Thurgau, und seit 1469 wurde das Landgericht gar in der Konstanzer Ratsstube abgehalten. Eine weitere Intensivierung der Konstanzer Rechte war im Jahre 1431 mit dem Erwerb der einen Hälfte der niederen *Vogtei Weinfelden* gelungen, die bis zum Jahre 1542 gehalten werden konnte und 1471 durch den Erwerb der *Vogteien Altnau* und *Buch* noch eine wichtige Ergänzung erfuhr.

Freilich war mit dem Gewinn der Landvogtei im Thurgau durch die vier eidgenössischen Orte im Jahre 1460 der Stadt eine ernsthafte Konkurrenz um die Innehabung des Landgerichts erwachsen. Mit dem *Basler Frieden* von 1499 ging das Landgericht dann auch in der Tat in den Besitz der Eidgenossen über.

Hatte Konstanz damit die entscheidende Grundlage für den Aufbau eines Territoriums eingebüßt, so verblieben der Stadt dennoch bis zum Jahre 1798 mit dem von ihr verwalteten *Raite- oder Almosenamt* Niedergerichtsrechte in mehreren Orten auf dem Thurgauer Seerücken, blieben ihr die Vogtei Eggen, die Gerichte Altnau und Buch und nicht zuletzt — über 1798 hinaus bis zum heutigen Tage — das Tägermoos. All dieser Herrschaftsrechte wegen gehörte Konstanz noch bis zum Jahre 1798 zum Thurgauer Gerichtsherrenstand.

Dies alles konnte jedoch nicht darüber hinwegtäuschen, daß Konstanz seit dem 1499 zu Ende gegangenen Schwaben- oder Schweizerkrieg an die Grenze des Reiches zu liegen gekommen war und damit — nach dem schon früher einsetzenden wirtschaftlichen Niedergang — auch politisch seine lange Zeit hohe Geltung verloren hatte.

Den seit dem 14. Jh. vor sich gehenden Aufbau von Niedergerichtsherrschaften jenseits des Sees, im *Linzgau*, durch das unter städtischer Pflegschaft stehende *Heilig-Geist-Spital* in Sipplingen, Hödingen, Goldbach, in Haltnau und Breitenbach, hatte die Stadt — im Gegensatz zu anderen Städten — nicht für die eigene Territorienbildung zu nutzen gewußt.

Neben der auf die Gewinnung eines eigenen „Landgebiets" gerichteten Politik betrieb die Quasi-Reichsstadt Konstanz seit dem Beginn des 14. Jhs. auch eine weitreichende „Außenpolitik", um sich im wechselvollen Spiel der Kräfte halten zu können. Bis zum Jahre 1362 ging die Stadt mit anderen Bodenseestädten eine ganze Folge von Bündnissen ein, die immer auf die Dauer von wenigen Jahren geschlossen wurden. Zu dem Kreis der in Frage kommenden Partner gehörten Zürich, St. Gallen, Schaffhausen, Überlingen, Lindau, Ravensburg, Buchhorn und Pfullendorf. Von 1362 an wurde aus dieser lockeren Bündnisform eine bis ins 16. Jh. hinein dauernde, beinahe alle Bodenseestädte miteinschließende Einrichtung.

Das erste der Bündnisse, 1312 auf Betreiben König Heinrichs VII. zwischen Konstanz, Zürich, Schaffhausen und St. Gallen geschlossen, hatte einen ausgesprochen landfriedensrechtlichen Charakter und sollte vor allem der Bekämpfung schwerer Verbrechen dienen; in diesem Bündnis spiegeln sich im übrigen mit aller Deutlichkeit auch aus den sog. Richtebriefen erkennbare enge rechtliche Beziehungen zwischen den vier genannten Städten wider. Über die nun in den nächsten Jahren folgenden Bodensee-Städtebündnisse griff dann erstmals das auch von Konstanz zusammen mit weiteren 24 schwäbischen Städten abgeschlossene Bündnis räumlich weit hinaus. Es wurde indessen von Karl IV. bald wieder verboten.

Nach der Mitte des 14. Jhs. gebrauchten die einzelnen Städte das Bündnis als Mittel, um sich aus einem österreichisch-eidgenössischem Konflikt herauszuhalten. Zwischen 1376 und 1389 war denn auch der *Bodenseestädtebund* nichts weiter als ein Teil des Schwäbischen Städtebundes, „denn wie den anderen Städten ging es auch ihnen um die Erhaltung und Verbesserung ihrer Rechtsstellung, um ihre bündnispolitische Bewegungsfreiheit und um die Steigerung ihrer Macht, die auch dem Rechtsschutz ihrer Bürger zugute kam" (J. Füchtner). Seit dem Scheitern des Schwäbischen Städtebundes im Jahre 1389 führte der „Bund um den See" dann wieder sein Eigenleben.

Im 15. Jh. ging die Stadt Konstanz freilich vielfach ihre eigenen Wege, so schon deutlich erkennbar im Appenzellerkrieg von 1401—1408, als der gegen die Träger adeliger Herrschaft gerichtete „Bund ob dem See" immer mehr auch den Thurgau und die Stadt Konstanz selbst bedrohte, so daß sie sich entschloß, mit der eben entstandenen adeligen Einungsbewegung, der „Gesellschaft des Adels im Hegau" (= St. Jörgenschild) zu paktieren, obgleich sich Städte und Adel gerade im Bodenseegebiet alles andere als freundlich gegenüberstanden.

So wußte sich denn die Stadt während des 15. Jhs. einer vorsichtigen Neutralität zu befleißigen und sich für eine Bündnisfähigkeit nach allen Seiten hin offen zu halten, bis sie dann gegen Ende des 15. Jhs. immer mehr ein Bündnis, zumindest aber eine *Anlehnung* an die bereits im Thurgau mit ihr konkurrierende *Eidgenossenschaft* erstrebte, ein Unterfangen, das ihr freilich 1483 durch kaiserliches Mandat ausdrücklich verboten wurde. Und auch neuerliche Verhandlungen mit der Eidgenossenschaft im Jahre 1495 scheiterten wiederum an der Intervention Kaiser Maximilians. Hier sollte sich nun die Stellung als Quasi-Reichsstadt negativ auswirken. Denn 1498 sah sich die Stadt Konstanz zum Eintritt in den *Schwäbischen Bund* gezwungen, wodurch sie im Krieg gegen die Schweizer 1499 zur Verliererin wurde. Doch unmittelbar nach dem Krieg nahm die Stadt die Verhandlungen mit den Eidgenossen wiederum auf; aber auch diese Bemühungen stießen auf kaiserlichen Widerstand, der sich u. a. 1507 in der Verlegung eines Reichstags in die Mauern der Stadt manifestierte. Und als dann 1510 die Verhandlungen doch beinahe zum Ziel zu führen schienen, kam es gar zu einem bewaffneten Eingreifen Maximilians. Durch den ihr aufgezwungenen *Schirmvertrag* mit dem Hause *Österreich*, dem 1511 Vertragsabschlüsse mit dem Bischof und dem Domkapitel über deren Rechte in der Stadt folgten, ergab sich für Konstanz erstmals eine Bindung an die Herrschaft Österreich, ohne daß dadurch jedoch die Eigenschaft einer Quasi-Reichsstadt de iure angetastet worden wäre. Aber immerhin war dieses Schirmverhältnis zeitlich unbegrenzt und schloß andere Bündnisse aus. Verstärkt wurde die Einschränkung der Handlungsmöglichkeiten, die die Stadt sich gefallen lassen mußte, noch durch die ihr auferlegte Einsetzung von 123 auf Kaiser und Reich vereidigten Dienstleuten.

Im Jahre 1510 war überdies die Verfassung der Stadt durch Maximilian wesentlich geändert worden, und zwar geschah diese Änderung eindeutig zugunsten der Zünfte, denen die Mehrheit der Sitze im Rat zugebilligt wurde. Im übrigen sollte das Ratsgremium künftig nicht mehr durch Kooptation, sondern aufgrund von Wahlen gebildet werden, wofür die Zünfte die Wahlkörperschaften zu bilden hatten. Von nun an bestand immerhin die Möglichkeit, daß die Bürgerschaft vermehrten Einfluß auf die städtische Politik würde nehmen können. Schienen der Stadt mit den Maßnahmen Maximilians auf lange Sicht die Hände wesentlich gebunden zu sein, so wurde die R e f o r m a t i o n schon wenige Jahre später zum Antrieb für einen Versuch, diese auferlegten Bindungen zu sprengen, um wieder eine selbständige Politik treiben zu können.

Bereits gegen Ende des Jahres 1518 war die Lehre Luthers über seine Schriften auch in Konstanz eingedrungen, und schon im Sommer des Jahres 1519 setzte sich der Rat für lutherisch predigende Prädikanten ein. Bis zu einer klaren Stellungnahme des Rats gegenüber der neuen Lehre sollte freilich noch einige Zeit vergehen. Erst 1523 kam es zu ihrer ausdrücklichen Förderung durch den Rat und zu Schutzmaßnahmen für die Prädikanten, die den ständigen Angriffen des noch immer in der Stadt residierenden Bischofs und des Domkapitels ausgesetzt waren.

Entscheidende Schritte auf dem Weg zur reformierten Stadt bedeuteten dann aber 1524 ein Ratsmandat zur Sicherung der schriftgemäßen Predigt und 1525 die Unterstellung des Klerus unter die Obrigkeit des Rats und unter dessen Jurisdiktionsgewalt. So kam Ende 1526 und Anfang 1527 der Auszug der Geistlichkeit und des Bischofs aus der Stadt nicht von ungefähr, und die Übernahme und Verwaltung des Domschatzes und des gesamten Kirchenguts durch die Stadt waren eine weitere folgerichtige Maßnahme des Rats.

Zusammen mit dem 1528 ausgesprochenen Verbot des Messelesens innerhalb der Stadtmauern bedeutete all dies die Ausbildung eines absoluten Kirchenregiments in Händen des Rats und eine Ausdehnung seiner bisherigen Befugnisse in ungeahntem Umfang.

Aber auch in der „Außenpolitik" der Stadt dokumentierte sich gegen Ende des dritten Jahrzehnts ein völlig unabhängiges Handeln des Rats: nachdem im März 1527 Verhandlungen mit Österreich gescheitert waren, kam es Ende 1527 und Anfang 1528 zu dem Abschluß von *Burgrechtsverträgen mit Zürich und Bern*, ohne daß die Stadt jedoch dadurch ein Glied der Eidgenossenschaft geworden wäre. Immerhin schien der Weg dahin von nun an offenzustehen. Denn das Schirmverhältnis zu Österreich war nun endgültig gelöst. Die Folge war die Verhängung der Reichsacht über die Stadt am 2. Februar 1528; vollstreckt wurde die Acht freilich erst zwanzig Jahre später.

Schienen die Burgrechtsverträge mit Zürich und Bern der Stadt in der Tat einen gewissen Schutz zu verleihen, so hielt es der Rat doch für notwendig, im Jahre 1530 den Anschluß an den *Schmalkaldischen Bund* zu suchen, eine Verbindung, die — nach der von außen erzwungenen Beendigung der Burgrechtsbündnisse im Jahre 1531 — der Stadt schließlich als einzige noch verblieb.

Das Jahr 1531 brachte Konstanz indessen nicht nur nach außen hin, sondern auch im Innern einen gewissen Abschluß der Entwicklung zur reformierten Stadt: der Erlaß der Zuchtordnung ließ den Rat nun zum höchsten Wächter über alle Lebensbereiche seiner Bürger werden.

Eine entscheidende Änderung der äußeren und inneren Lebensbedingungen der reformierten Stadt bahnte sich jedoch an, als sich gegen Ende des Jahres 1546 der Schmalkaldische Bund aufzulösen begann und sich jede der reformierten Städte wieder auf sich allein gestellt sah. Gleichwohl weigerte sich Konstanz, in Verhandlungen mit dem Kaiser einzutreten, und setzte vielmehr seine Hoffnungen auf die evangelischen Städte der Eidgenossenschaft. Doch im Laufe des Jahres 1548 spitzte sich die Lage der Stadt so sehr zu, daß man sich im Großen Rat am 10. und 11. Oktober 1548 endlich gezwungen sah, allen an die Stadt gestellten Forderungen des Kaisers nachzugeben und sich bedingungslos zu ergeben. Vor dem Vollzug der Übergabe der Stadt an König Ferdinand kam es zum Auszug der reformatorisch gesinnten Ratsmitglieder und anderer Bürger aus der Stadt; die Prädikanten hatten Konstanz schon früher verlassen. Am 12. Oktober endlich wurde die Stadt König Ferdinand übergeben, und am 15. Oktober hatten Bürgermeister, Großer und Kleiner Rat und Bürgerschaft auf dem Münsterplatz den Huldigungseid an das Haus Österreich zu leisten als Ausdruck dessen, daß die „Reichsstadt" Konstanz nun zu einer österreichischen Landstadt geworden war. In allen Bereichen begann jetzt die Restauration der vorreformatorischen Verhältnisse: Wiedereinführung des alten Glaubens, Rückführung der Geistlichkeit in die Stadt — nur der Bischof blieb in Meersburg — und Restitution der Geistlichkeit. Abgeschlossen waren diese Einzelmaßnahmen allerdings erst um die Mitte der 50er Jahre.

Dennoch wurde die *innere Verfassung* der Stadt, wie sie sich in den letzten Jahren der „reichsstädtischen" Zeit dargestellt hatte, weitgehend belassen. Die Neuordnung von 1549 reduzierte jedoch die Mitgliederzahl des Kleinen Rats auf 20 und die des Großen Rats auf 40 Mitglieder. Bürgermeister, Stadtvogt und Ammann sollten bei den Sitzungen des Kleinen Rats auch weiterhin anwesend sein. Das Stadtgericht sollte aus einem Richter und zwölf Beisitzern zusammengesetzt sein; das Kriminalgericht sollte aus Stadtvogt und Kleinem Rat gebildet werden.

Entscheidend aber war die Abschaffung der Zünfte und der Geschlechtergesellschaft „zur Katze". Überdies wurde die jährliche Neuwahl von Bürgermeister, Stadtvogt, Kleinem und Großem Rat der Bürgerschaft entzogen.

Aber am deutlichsten wurde die Mediatisierung der Stadt durch die Einsetzung eines *Stadthauptmanns* unterstrichen, der zwar österreichischer Beamter sein sollte, jedoch auf Kosten der Stadt besoldet werden mußte. Er wurde zum Repräsentanten der Innsbrucker Regierung in der Stadt und blieb bis zum Jahre 1735 — bis zur Schaffung des eigenen Amts eines Stadtkommandanten — zugleich militärischer Stadtkommandant; er übte damit eine Funktion aus, der um so mehr Gewicht zukam, als Konstanz, obwohl die Stadt nicht allzu straff in das österreichische Staatsgefüge eingeordnet worden war, in seiner Eigenschaft als Grenzstadt für Österreich eine hervorragende militärische Bedeutung besaß, die nicht zuletzt in den mehrfachen Versuchen zum Ausdruck kam, Konstanz zur Festung auszubauen.

Dennoch konnte von nun an kein Zweifel mehr darüber bestehen, daß Konstanz seit 1548 nicht mehr Subjekt, sondern lediglich Objekt der Politik war.

Indessen hat die österreichische Regierung vor allem unter Maria Theresia und Joseph II. nichts unversucht gelassen, die Stadt in jeder Weise zu fördern: auf dem Bildungssektor war die Begründung des Jesuitengymnasiums im Jahre 1604 vorausgegangen, jetzt folgten die Einführung der Normalschule im Jahre 1773, die Ansiedlung von Handwerks- und Fabrikationsbetrieben, verbunden mit der Niederlassungsbewilligung für die sog. Genfer Kolonie, und schließlich Auswanderungsverbote. Dazu kam 1752 die Einsetzung einer *vorderösterreichischen Landesregierung* mit dem Titel einer „Kaiserlich-Königlichen Repräsentation" in Konstanz, die freilich bereits 1760 wieder nach Freiburg weiterverlegt wurde, wo sie bis zum Ende des Alten Reichs auch für Konstanz die nächstzuständige Regierungsstelle bildete.

Nach verschiedenen vorausgegangenen geringfügigen Änderungen der wesentlich noch aus dem Mittelalter beibehaltenen Stadtverfassung kam es dann unter Joseph II. im Jahre 1786 zum radikalen Bruch mit dieser Verfassungstradition durch die Einsetzung eines nur mit Juristen besetzten *Magistrats*, bestehend aus einem Bürgermeister und fünf Räten, einem Gremium, das alle Kompetenzen des Kleinen und Großen Rats und des Stadtgerichts auf sich vereinigte. Der Bürgermeister, der den Magistrat unter Aufsicht des Stadthauptmanns leitete, wurde auf die Dauer von vier Jahren gewählt. Die Wahl der fünf Ratsmitglieder, die auf Lebenszeit in ihrem Amt bleiben sollten, erfolgte hingegen durch 24 sog. Repräsentanten. Gleichzeitig mit dieser Verfassungsänderung vollzog sich unter Joseph II. ein weiterer Bruch mit dem aus dem Mittelalter Überkommenen: von 1785 bis 1788 wurden mehrere Stadtklöster aufgehoben und die Klostergebäude zu Verwaltungs- und Justizzwecken verwendet.

Für die Behebung aufkommender Unzufriedenheiten innerhalb der Stadtbevölkerung war es von Bedeutung, daß 1795 unter Kaiser Franz die Bestimmungen der Josephinischen Stadtverfassung etwas gemildert wurden. Dazu trug vor allem die Wiedereinführung der Wahl eines nichtakademischen Bürgermeisters bei. Für die Bewältigung der durch die seit 1792 zahlreich nach Konstanz einströmenden Emigranten aus Frankreich (zeitweise waren es bis zu 2500 Personen) auf die Stadt zukommenden Probleme war es entscheidend, daß in jenen Jahren an der Spitze der Verwaltung einer der bedeutendsten Stadthauptmänner der österreichischen Zeit stand: *Franz von Blanc* (1791—1805), der durch zahlreiche positive Reformen, die vor allem auf eine Hebung der Wirtschaftskraft ausgerichtet waren, den neuen badischen Stadtherren eine *wohlorganisierte* Stadtverwaltung hinterließ, die eine Vielzahl von Ämtern umfaßte: an der Spitze die städtische Kanzlei mit einem gelehrten Rat als Kanzleidirektor, das wichtige Säckelamt als Finanzbehörde, das Spitalamt als Wohlfahrts- und Fürsorgebehörde, das Bauamt, das Aberhakenamt als Verwaltung der Baumaterialien, das Hofstatt- und Tannenamt als Verwaltung der mildtätigen Stiftungen, das Kornamt und verschiedene Einzelbedienstete mit vorwiegend polizeilichen Funktionen. Im wesentlichen waren all diese Ämter bereits zu Ausgang des Mittelalters ausgebildet worden; das Mittelalter hat demnach — wie auch auf anderen Sektoren — auf dem Gebiet der Verfassung und Verwaltung in Konstanz bis zum Ende der österreichischen Herrschaft weitergedauert.

BEVÖLKERUNG UND WIRTSCHAFT

Die den Ort vor anderen heraushebende Eigenschaft als Bischofssitz und die Lage in der Nähe wichtiger Fernstraßen, die Deutschland mit Italien verbanden, waren die wesentlichsten Voraussetzungen dafür, daß der im 10. Jh. erstmals genannte Markt Konstanz das ganze Mittelalter hindurch eine bedeutende Rolle im Wirtschaftsleben Oberdeutschlands zu spielen vermochte.

Erste Ansätze zu einer solchen Entwicklung geben die Quellen bereits für das 10. Jh. zu erkennen: nicht nur, daß das Konstanzer Marktrecht für das Recht anderer Märkte im deutschen Südwesten zum Vorbild genommen wurde; wir kennen darüber hinaus seit der Mitte des gleichen 10. Jhs. Konstanzer *Münzen* aus den großen Münzfunden Osteuropas und Skandinaviens. Aber als wichtigstes Partnerland des Konstanzer Handels lassen schon diese frühen Münzfunde Italien erkennen. Konstanzer Pfennige — anfangs bezeichnenderweise noch nach Mailänder Vorbild geprägt — tauchen darüber hinaus aber auch schon in dieser Zeit an Englands Westküste und in Südfrankreich auf, und so überrascht es nicht, wenn wir

Konstanzer Kaufleute auch in der Koblenzer Zollrolle vom Jahre 1104 verzeichnet finden. All das sind Hinweise auf die Entwicklung der Stadt zum Fernhandelsplatz.

Eine wichtige Grundlage für den Aufschwung des Konstanzer Fernhandels bedeutet die Entwicklung des Bodenseegebiets und Oberschwabens zu einer großen europäischen „Heimindustrielandschaft", die ganz von der Herstellung von Leinen und seit der Mitte des 14. Jhs. darüber hinaus von der Barchentweberei geprägt wird. Veredelungs- und Verladeplatz für diese Erzeugnisse ist schon seit dem 12. Jh. — neben Ulm und Augsburg — unbestreitbar Konstanz. Seine Händler tauchen 1205 in Genua auf; die „tele de Constancia" ist dort bereits 1216 ein Begriff, 1289 besitzen die Konstanzer Handelsleute in jeder der vier Messestädte der Champagne ein eigenes Gebäude für den Vertrieb der Leinwand. Hatte der Konstanzer *Leinwandhandel* zunächst vor allem Venedig, Mailand und Genua berührt, so weitete er sich damit doch schon bald auch auf andere Landstriche Italiens, ja weit darüber hinaus auf die Länder des Mittelmeers, auf Paris, den Niederrhein, die Niederlande, die Ostseeländer und den europäischen Südosten aus.

Zum Handel mit Leinwand und Barchent kam im 14. und 15. Jh. der Handel mit dem bedeutsamen *Seewein* hinzu, dessen Absatzgebiet im Nordwesten und Norden bis zur Donau und zur Schwäbischen Alb und im Osten bis Vorarlberg reichte, ganz bayerisch Schwaben bis Nördlingen und Dinkelsbühl umfaßte, ja sogar noch Nürnberg berührte, und im Süden das ostschweizerische Voralpengebiet mit einbezog. Diesem weiten, durch Leinwand- und Weinhandel erschlossenen Fernhandelsraum entsprach aber auch das Gebiet der Zuwanderung nach Konstanz, das sogar bis an den Niederrhein, nach Flandern, Wien, in die Steiermark, nach Mähren und Oberitalien reichte.

Angesichts eines solchen Einzugsbereichs überrascht es nicht, daß die Stadt im 15. Jh. bereits eine Zahl von 6000 Einwohnern aufzuweisen hatte.

Neben diesem Fernhandelsraum darf indessen das eigentliche Konstanzer Marktgebiet nicht übersehen werden, ein Gebiet, das die Landschaft südlich von See und Rhein zwischen Chur und Freiburg i. Ü. und das südliche Schwaben zwischen Schwarzwald und Iller umfaßte. Und innerhalb dieses weiten Marktgebiets ist dann noch deutlich erkennbar der Einzugsbereich des Nahmarkts, der sich auf das Südufer des Sees, den Thurgau zwischen Thur und Arbon, die Ufer des Untersees bis Stein und Radolfzell, den Bodanrück und schließlich auf ein Stück Landes am Nordufer des Sees, um Meersburg herum, auswirkte.

Es ist ohne weiteres verständlich, daß sich während der Blütezeit des Konstanzer Handels zwischen 1350 und 1460 in der Stadt große Kapitalmassen ansammelten, daß beispielsweise 1388 105 Personen aus 75 verschiedenen Familien ein Vermögen von mehr als 1400 lb. Heller aufzuweisen hatten, und 1418 — zur Zeit des Konzils — gab es gar 181 solcher „Reichen". Man wird deswegen Konstanz als eine der wohlhabendsten Städte Oberdeutschlands mit dem größten bürgerlichen Vermögen bezeichnen dürfen.

Beteiligt am Fernhandel waren sowohl Mitglieder des Patriziats als auch Angehörige der Zünfte, und gerade die bedeutendste Fernhändlerfamilie, die *Muntprat*, die — ursprünglich wohl aus Italien kommend — in der ersten Hälfte des 15. Jhs. mit Lütfried und Hans Muntprat zwei bedeutende Großkaufleute stellte, stammte aus Zunftkreisen. Die Muntprat waren es denn auch, die zusammen mit den Ravensburger Humpis und den Buchhorner Mötteli um die Mitte vom 14. zum 15. Jh. die Große Ravensburger Handelsgesellschaft begründeten, die neben dem Leinwandhandel auch den Handel mit Luxusartikeln betrieb.

Die Frankfurter Messe, die Nördlinger, die Zurzacher und die Genfer Messen sowie Venedig, Spanien und Flandern, waren ihre Hauptabsatzgebiete.

Neben der großen Ravensburger gab es noch einige kleinere, ganz in Konstanz beheimatete Handelsgesellschaften, und es gab bedeutende Einzelkaufleute, wie etwa die aus den Familien *Ehinger* und *Imholz*. Die Zunftaufstände, vor allem der Aufstand von 1429, schlugen dem Konstanzer Wirtschaftsleben indessen tiefe Wunden, da sie die Auswanderung zahlreicher patrizischer Kaufmannsfamilien und deren Übergang in den Landadel des benachbarten Thurgaus bewirkten.

Gegen Ende des 15. Jhs. hatte überdies St. Gallen die Vorherrschaft von Konstanz im Leinwandhandel weitgehend gebrochen, ohne daß die Gründe für die nachlassende Wirtschaftsgeltung der Bischofsstadt heute bereits eindeutig zu erkennen wären.

Daß auch die Stadtgemeinde selbst auf ihre Weise an dem wirtschaftlichen Aufschwung beteiligt war, zeigt der Erlaß von *Leinwandordnungen* schon gegen Ende des 13. Jhs. und zeigt vor allem der Bau des mächtigen *Kaufhauses* am See im Jahre 1388, in dem der Leinwandbank als einer Börse zur Weitervermittlung der von den Webern hereingebrachten Ware eine besondere Rolle zukam. Das Konstanzer Kaufhaus war die erste Verkaufsstelle auf deutschem Boden für die nach Norden reisenden Lombarden; das Kaufhaus unterstand der Aufsicht des Rats, der sie durch den sog. Hausherrn, einen städtischen Beamten, ausüben ließ. Neben dem Feilbieten von Waren eröffnete das Bestehen des Kaufhauses vor allem die Möglichkeit, hier unter öffentlichem Schutz ein Warenlager zu unterhalten.

Eine weitere wesentliche Voraussetzung für ein möglichst reibungsloses Funktionieren des Handels schuf die Stadt, indem sie eine auf den Abschluß bilateraler Verträge mit den südwestdeutschen Städten beruhende aktive Währungspolitik betrieb, deren Ziel es vor allem war, wirtschaftliche Verbindungen mit den umliegenden Zentren zu ermöglichen.

Träger des mittelalterlichen Wirtschaftslebens waren in Konstanz im wesentlichen das weithin aus der bischöflichen Ministerialität erwachsene Patriziat und einige wenige den Zünften angehörende Familien. Unter dieser Oberschicht stand die große Zahl der Handwerker, die in rund zwanzig Zünften organisiert waren. Sie waren es, die im 14. und 15. Jh. immer wieder gewaltsam das Übergewicht der Oberschicht zu brechen versuchten. In den Zusammenhang mit diesen Zunftrevolutionen gehören aber auch die zahlreichen Pogrome gegen die Juden, die um die Mitte des 13. Jhs. erstmals in Konstanz auftauchen und im 14. und 15. Jh. — obwohl nur eine kleine Gemeinde bildend — eine rege wirtschaftliche Tätigkeit, vor allem durch Darlehens- und Kreditgeschäfte, entwickelten.

Wenn es den Zünften gelang, die städtische Politik von der Mitte des 14. Jhs. bis zum Jahre 1430 entscheidend zu beeinflussen, dann läßt dies erkennen, wie stark diese von den nichtpatrizischen Kaufleuten und den Handwerkern getragenen Organisationen waren.

Dennoch bestand die Möglichkeit, aus den Zünften ins Patriziat aufzusteigen, ja das Adelsprädikat zu erwerben.

Unter dieser zünftischen Schicht standen die beiden *niedersten Gruppen der Steuerzahler*, die indessen rund vier Fünftel sämtlicher steuerzahlenden Bürger ausmachten und zusammen mit den ausgesprochenen Unterschichten, denen vor allem die Handwerksgesellen und die in Konstanz und seiner Vorstadt Stadelhofen zahlreich ansässigen Gerber zuzurechnen sind, immer wieder soziale Kämpfe hervorriefen. Dazu kamen dann noch die wirklich A r m e n u n d d i e K r a n k e n, denen sich die Bischöfe bereits im 12. Jh. durch die Gründung des Kreuzlinger Spitals angenommen hatten und denen auch die Fürsorge des Rats galt, als er das um 1225 gegründete *Heilig-Geist-Spital* in seine Obhut nahm. Das Heilig-Geist-Spital, im Laufe der Jahrhunderte zur reichsten und bedeutendsten aller sozialen Einrichtungen in der Stadt angewachsen, diente vor allem kranken Bürgern, bedürftigen alten Leuten und Waisenkindern, darüber hinaus aber auch begüterten Pfründnern.

Demgegenüber war das Aussätzigen- oder *Sondersiechenhaus*, das Haus der „armen Leute auf dem Feld“ vor Kreuzlingen, das seit 1262 unter städtischer Kontrolle stand, zur Aufnahme von Aussätzigen, aber auch allgemein zur Aufnahme von Kranken mit ansteckenden Krankheiten bestimmt. Hinzu trat als zweites Konstanzer Leprosenhaus das zur „Inneren Tanne“. Dem Konstanzer Aussätzigenhaus bei Kreuzlingen kam im übrigen bis ins 15. Jh. hinein auch die Aufgabe zu, die Aussätzigenschau für das ganze Bistum Konstanz vorzunehmen.

Waren alle diese Institutionen nur für Konstanzer Bürger bestimmt, so hatte das *Seelhaus bei St. Jost*, die Elendenherberge in der Vorstadt Stadelhofen, die Fürsorge für die fremden Bettler und Landstreicher zur Aufgabe. Schließlich hatte die Stadt im 13. Jh. auch noch eine allgemeine *Armenpflege*, die „Raite“, eingerichtet, die ursprünglich aus der Verteilung von Almosen bei vier Konstanzer Pfarrkirchen hervorgegangen war. Zunächst handelte es sich vorwiegend um Brotstiftungen; später kam jedoch auch die Vergabe von Kleidern und Brennholz hinzu.

Die allgemeine Wohlhabenheit in der Stadt, an der auch die ärmeren Schichten in gewissem Umfange partizipiert haben dürften, ging freilich in der zweiten Hälfte des 15. Jhs. allmählich zurück, nicht zuletzt wohl veranlaßt durch den Vorgang der politischen und rechtlichen Abschnürung der Bischofsstadt von ihrem eigentlichen Hinterland, des unter eidgenössische Herrschaft geratenen Thurgaus. Durch den Verlust ihres engsten Marktbereichs erlitt die Stadt einen R ü c k g a n g d e r W i r t s c h a f t s g e l t u n g, von dem sie sich auch in den folgenden Jahren nicht erholen konnte, zumal mit dem Verlust der „Reichsstadt“-Eigenschaft das im Jahre 1548 zu einer österreichischen Landstadt herabgedrückte Konstanz aller weiträumigen Wirksamkeit beraubt wurde. Das kapitalkräftigere St. Gallen hatte Konstanz zudem schon längst den ersten Rang als Handelszentrum des Bodenseeraumes streitig gemacht. Das Konstanzer *Leinwandgewerbe*, das schon im Mittelalter zu den wichtigsten Zulieferern des Konstanzer Leinwandhandels gehört hatte, vermochte freilich noch bis ins 18. Jh. weiterzuarbeiten; es hatte sich jedoch ganz auf die Herstellung geringer Leinwandsorten und Farbstücke, namentlich von Zwilch und Kölsch, beschränkt. Die einstmals so blühende Barchentweberei war hingegen bereits um 1560 völlig eingegangen.

Parallel zum Rückgang des Handels und der Gewerbe ist von der Mitte des 15. Jhs. an auch ein allmählicher Bevölkerungsschwund zu beobachten, bis dann — erstmals durch eine Volkszählung im Jahre 1610 festgehalten — eine Zahl von 5446 Einwohnern erreicht ist. Die Pestepidemie des Jahres 1611 und der Dreißigjährige Krieg mögen dazu beigetragen haben, daß die Bevölkerungszahl bis gegen das Jahr 1700 gar auf 3600 Einwohner absank. Im Jahre 1785 hat die Stadt dann 3827 Einwohner aufzuweisen, wozu noch etwa 500 geistliche Personen hinzugerechnet werden müssen.

Die österreichische Regierung sah diesem Niedergang allerdings keineswegs tatenlos zu. So sorgte sie bereits im Jahre 1598 für eine Wiederbelebung des Kölschgewerbes, und auch der Leinwandhandel wurde in beschränktem Umfange wieder aufgenommen. Förderte die Gallsche Handelsgesellschaft vor allem den Export nach Spanien, so betrieben die Familien Fels und Leiner den Italienhandel. Aber auch diese Neuansätze des 17. Jhs. erwiesen sich bald als vergeblich. Lediglich dem *Handel mit Wein* und dem *Kornhandel*, an dem die Stadtgemeinde als wichtigster Kornaufkäufer selbst aktiv beteiligt war, kam im 17. Jh. eine gewisse, freilich nur lokale Bedeutung zu. Eine ähnlich begrenzte Rolle spielte im gleichen Zeitraum der *Salzhandel*, den sich die Stadt allein vorbehalten hatte. Das Salz kam aus den österreichischen oder den bayerischen Salzbergwerken und wurde über den Stapelplatz Lindau mit Schiffen nach Konstanz weiter verfrachtet.

So darf — trotz all diesen eindeutigen Zeugnissen für ein Nachlassen der wirtschaftlichen Bedeutung — nicht übersehen werden, daß Konstanz auch im 16. und 17. Jh. immerhin eine nicht unwesentliche Rolle für den Warenumschlag und für den Warentransit — jetzt vor allem von Ost nach West — zugekommen ist. Als Markt besaß die Stadt noch immer eine wichtige Funktion im Lebensmittelhandel zwischen dem Reich und der Eidgenossenschaft.

Eine rückläufige Bewegung hatte im 16. Jh. das Konstanzer Gewerbe durchzumachen. Der Niedergang des Wirtschaftslebens hatte den Handwerkerstand viel empfindlicher getroffen, als das am Handel beteiligte Patriziat. Die großen *Zünfte*, die der Rebleute und Weber, sind — ebenso wie die der Bäcker und Metzger — im 17. Jh. noch zahlreich vertreten. Dagegen hatten die Schneider und Schuhmacher im 16. und 17. Jh. schwer um ihre Existenz zu ringen. Immer noch eine gewisse Bedeutung kam der ältesten Konstanzer Zunft, den Fischern zu, die den weitaus größten Teil der Konstanzer Bucht als ihr Revier betrachten durften.

Dem in allen Bereichen des Wirtschaftslebens zu beobachtenden Niedergang suchte die österreichische Regierung auch im 18. Jh. immer wieder zu begegnen; aber erst das tatkräftige Eingreifen Josephs II. erstrebte von 1784 an energisch eine Konsolidierung der wirtschaftlichen Verhältnisse in Konstanz, vor allem durch die Ansiedlung von *„Genfer Fabrikanten"*, die in jenen Jahren aus politischen Gründen die Heimat hatten verlassen müssen. Durch die Einrichtung einer von der Familie Macaire betriebenen Indienne- und Cottonfabrik im eben aufgehobenen Dominikanerkloster auf der Insel, durch die Gründung der Uhren- und Bijouteriefabrik von Roman, Melly, Roux und Co., durch die Theissiersche Indiennefabrik, durch eine Bandfabrik und durch eine Emaillefabrik sollten der Konstanzer Bevölkerung vor allem neue Erwerbsmöglichkeiten erschlossen werden. Die „Genfer Kolonie" selbst bestand bei ihrer Gründung aus 29 Familien mit 122 Personen und 20 Lehrjungen und Arbeitern. Diese von der Regierung betriebene „Industrieansiedlung" stieß indessen schon bald auf die Ablehnung durch die Bevölkerung, vor allem durch die Zünfte. Die Ablehnung trat vor allem zutage, als die Kolonie im Jahre 1788 auf rund 560 Personen angewachsen war. Aber trotz einer raschen Blüte zeigte sich für die neuen Unternehmen schon bald die Gefahr des Scheiterns, einmal wegen einer unzureichenden Privilegierung und dann vor allem wegen des gespannten Verhältnisses zu Stadtverwaltung und Bürgerschaft.

1789 war die Zahl der Genfer Kolonisten bereits auf 403 abgesunken. Der Zusammenbruch der Uhrenfabrik im Jahre 1795 bedeutete dann im Grunde das Ende des gesamten Prozesses; die Kolonie war nun auf 154 Mitglieder zusammengeschrumpft. Nach dem Übergang der Stadt an Baden blieb von den relativ zahlreichen Unternehmen lediglich noch die Macairesche Indiennefabrik übrig.

GEISTIGES LEBEN

Lange Zeit, bis hin zum Ende des 13. Jhs. wird das geistige Leben in der Stadt ausschließlich vom *Bischof* und seiner geistlichen Umgebung getragen. Schon sehr früh sorgen sich Bischöfe und Domkanoniker um die Schaffung einer *Bibliothek*, deren Umfang im Vergleich zu anderen frühmittelalterlichen Bibliotheken sehr beträchtlich war. Ein eigenes Skriptorium vermochte sich freilich — in der Nachbarschaft St. Gallens und der Reichenau — am bischöflichen Hof offenbar nicht zu bilden.

Die Bischöfe waren es auch, in deren Auftrag seit dem frühen Mittelalter die bedeutendsten Bauwerke in der Stadt, das Münster und die Stifts- und Pfarrkirchen errichtet und künstlerisch ausgestaltet wurden; und auf ihr Geheiß wurde im Laufe der Jahrhunderte auch ein bedeutender Domschatz angesammelt.

Seit dem frühen 14. Jh. aber traten neben den Bischof, das Domkapitel und die übrigen geistlichen Institutionen der Stadt immer sichtbarer die Stadtgemeinde und die Bürgerschaft selbst; von nun an gestalteten sie das geistige und künstlerische Leben wesentlich mit.

Wirkungen von außen lassen Konstanz während der wenigen Jahre des *Konzils* (1414—1418) zu einem großen Zentrum geistigen und künstlerischen Austausches, so beispielsweise zu einem gesamteuropäischen Handschriftenmarkt, werden. Die sich hier ergebenden Anregungen wurden aber auch in der Stadt, so etwa von Bischof Otto von Hachberg, der selbst wissenschaftlich tätig war, begierig aufgenommen.

Das frühe 16. Jh. ließ auch in Konstanz einen Kreis bedeutender *Humanisten* entstehen, deren Mitte der Konstanzer Domherr Johannes von Botzheim, der Arzt Johann Jakob Menlishofer, der Griechisch-Schulmeister Michael Hummelberg und der Generalvikar Johannes Fabri bildeten. Vor allem Johann von Botzheim hielt engen brieflichen Kontakt mit Erasmus von Rotterdam, der denn auch seinem Briefpartner 1522 in Konstanz einen Besuch abstattete.

Die *Reformation* zerstörte vieles, was an Kunstschätzen, was an Handschriften in den Kirchen und Bibliotheken vorhanden war; andererseits aber setzte sie eigene geistige Akzente, so etwa in der Gestaltung des reformatorischen Liedgutes.

Die *nachreformatorische Zeit* brachte einen neuen Aufschwung insbesondere in der Bildenden Kunst. Die während des „Bildersturms" ihres Schmucks weithin beraubten Kirchen bedurften einer umfassenden Neuausstattung. So verwundert es nicht, wenn sich die Barockmalerei in Konstanz zur besonderen Blüte entfaltete.

Nach dieser Gesamtschau sei nun auf die verschiedenen Äußerungen geistigen Lebens in der Stadt eingegangen.

Am Beginn der Geschichte des höheren Unterrichts in Konstanz steht die bischöfliche *Domschule*, die sich im 11. Jh. — erinnert sei an den bedeutenden Bernold „von Konstanz" — eines besonderen Ansehens erfreute. Ihrem Wirken wurde jedoch durch die Ereignisse der Reformation ein Ende bereitet.

Sie fand in der Reformationszeit freilich sehr bald ihren Ersatz durch die Errichtung der ersten städtischen *Lateinschule* im Jahre 1525. Ergänzt wurde sie durch die sog. Bufflersche Hochschulstiftung vom Jahre 1534, mit deren Hilfe in Lindau, Biberach, Isny und Konstanz eine Hochschulausbildung für den evangelischen Pfarrer- und Lehrernachwuchs ermöglicht werden sollte.

Mit der 1548 beginnenden Rekatholisierung der Stadt mußten allerdings auch diese schulischen Einrichtungen nach wenigen Jahren wieder ihre Pforten schließen. Ihnen folgten zunächst Privatschulen nach, bis im Jahre 1604 die seit kurzem in Konstanz wirkenden Jesuiten ein Lyzeum eröffneten, das aus einem sechsklassigen Gymnasium und einer Theologenschule akademischen Charakters bestand. Dieses Lyzeum, das bei seiner Entstehung bereits 250 Schüler aufzuweisen hatte, vermochte auch die Aufhebung des Jesuitenklosters im Jahre 1773 zu überdauern. Zunächst waren es weltliche Lehrer, die zusammen mit Patres der verschiedenen noch bestehenden Konstanzer Klöster den Unterricht weiterführten, bis dann im Jahre 1798 Benediktiner aus St. Blasien die Schule übernahmen.

Den Jesuiten oblag im übrigen seit dem Jahre 1612 auch die Aufsicht über die deutsche Schule, nachdem die Erteilung des Elementarunterrichts seit Anfang des 15. Jhs. zunächst in den Händen der Franziskaner gelegen hatte. Erst in der Reformationszeit bestellte die Stadt die beiden Lehrer für den Elementarunterricht. Im Jahre 1773 kam es — wie im gesamten österreichischen Staatsgebiet — auch in Konstanz zur Neuordnung des Elementarschulwesens durch die Einführung der sog. (deutschen) Normalschule, deren Besuch zur allgemeinen Pflicht erhoben wurde. Die Erteilung des Mädchenunterrichts erhielten hingegen die Dominikanerinnen im Kloster Zoffingen übertragen.

Für einige wenige Jahre war Konstanz auch Sitz einer Universität: 1685 zogen einige Professoren der seit 1677 auf französischem Territorium gelegenen Universität Freiburg nach Konstanz, um hier — bis zum Ende der französischen Herrschaft über Freiburg — den Universitätsbetrieb mit einer theologischen und einer juristischen Fakultät sowie mit einer medizinischen Professur aufrecht zu erhalten. In den Jahren 1713 bis 1715 sah sich die Freiburger Universität dann noch einmal gezwungen, in Konstanz ein kurzes Gastspiel zu geben.

In engem Zusammenhang mit der Geschichte des Schulwesens steht die Geschichte des Theaterspiels in der Stadt. Wissen wir schon aus einer Quelle des Jahres 1204 von der Abhaltung eines *spectaculum theatri*, d. h. von öffentlichen Volksunterhaltungen durch wandernde Spielleute und Schausteller, so kann von häufigen Theateraufführungen freilich erst seit der zweiten Hälfte des 16. Jhs. die Rede sein. Jetzt wurden Schüleraufführungen — gebilligt und gefördert vom Rat — zu einer regelmäßigen Einrichtung. Dieses Schülerspiel, das als integrierender Bestandteil des Unterrichts verstanden wurde, erfuhr eine weitere Intensivierung nachdem die Jesuiten ihr Lyzeum in Konstanz begründet hatten und nun auch hier ihre Jesuiten-Dramen zur Aufführung bringen ließen. Die auf diese Weise bis zum Jahre 1773 aufrechterhaltene Theatertradition setzte sich auch nach der Aufhebung des Jesuitenklosters fort, indem im Jahre 1786 eine private Unternehmergesellschaft die Gymnasiumsaula umbauen ließ und saisonweise an Wandertruppen vermietete.

Hatte der bischöfliche Hof kaum einen Anteil an der Förderung des Theaterspiels, so war seine Rolle bei der Pflege der Musik eine weitaus bedeutendere. Zwar gab es bereits im Mittelalter ein profanes Musikleben in der Stadt, bestritten von einheimischen und fremden Musikanten und von der Stadtgemeinde selbst gefördert durch die seit dem endenden 15. Jh. nachweisbare Stadtpfeiferei. Mittelpunkt des musikalischen Wirkens und Schaffens aber bildeten bis zur Reformation der bischöfliche Hof und die Bischofskirche, das Münster. Schon für die erste Hälfte des 12. Jhs. besitzen wir Hinweise auf die Existenz einer Orgel im Münster, und bereits vor 1220 war das Amt des den Domkantor in seinen Pflichten ablösenden Succentors geschaffen worden, dem im 14. Jh. noch drei weitere Succentoren an die Seite gestellt wurden.

Die Abhaltung des Konzils in den Mauern der Stadt bereicherte nicht nur das weltliche Musikleben, das sowohl von den in fürstlichen Gefolgen herbeigekommenen fremden Musikanten, als auch von den städtischen und bischöflichen Pfeifern und Trommlern bestritten wurde. Es brachte für einige Jahre auch die liturgische Musikpflege zur besonderen Blüte, nicht zuletzt gefördert durch das Auftreten der berühmten päpstlichen Kapelle.

War dies eine Ausnahmesituation, so ist dennoch nicht zu verkennen, daß gegen Ende des gleichen 15. Jhs. die Musikpflege am Münster einen erstaunlichen Aufschwung nahm, schon äußerlich erkennbar an der Vermehrung der Zahl der drei die Domkantorei bildenden Succentorien auf neun und an der Anstellung von acht Sängerknaben. So waren alle Voraussetzungen dazu geschaffen, daß die Konstanzer *Domkantorei* um 1500 zu einer führenden Vokalkapelle Deutschlands werden konnte und Konstanz in der Pflege mehrstimmiger Musik an vorderste Stelle rückte.

Hinzu kam, daß seit der im Jahre 1506 erfolgten Anstellung des Domorganisten Hans Buchner, des Verfassers des ältesten Lehrbuchs zur Übertragung von Gesängen auf die Orgel, das Orgelspiel am Münster zu großer Entfaltung kam, und daß der von 1507 bis 1509 in Konstanz wohnende kaiserliche Hofkomponist Heinrich Isaak vom Domkapitel den Auftrag erhielt, einen eigenen *Choralis Constantinus* zu komponieren, und daß endlich kurz vor der Reformation Sixt Dietrich zahlreiche Kompositionen für die Domkantorei schuf. So war Konstanz für einen kurzen Zeitraum zu einem Zentrum im deutschen Musikgeschehen geworden.

Die einschneidenden Ereignisse der Reformation haben auch hier die Fortentwicklung zum Stillstand gebracht; das nachreformatorische Musikleben in Konstanz vermochte den Rang des vorreformatorischen nicht mehr zu erreichen. Dagegen brachte die Reformation um die Jahre 1536/37 in Konstanz ein eigenes *„Konstanzer Gesangbüchlein“* hervor, das den Gemeindegesang in der oberdeutschen Kirche noch über das Ende der Konstanzer Reformation hinaus entscheidend befruchtete. Die Texte der Lieder stammten von den bedeutenden Konstanzer Reformatoren selbst: von Ambrosius und Thomas Blarer und von Johannes Zwick.

L i t e r a r i s c h e s L e b e n, wie es die Reformationszeit durch ihr Bedürfnis nach Liedtexten hervorgebracht hatte, gab es in Konstanz freilich schon bedeutend früher. Hier sei etwa an die um 1300 doch wohl in Konstanz entstandene sog. Weingartner Liederhandschrift erinnert, die allerdings keine in Konstanz erwachsene Dichtung, sondern Minnelieder von 32 Sängern aus der zweiten Hälfte des des 12. Jhs. bis zum Beginn des 14. Jhs. überliefern wollte.

Das 14. Jh. hat dann auf Konstanzer Boden eine Reihe didaktischer und lyrischer Dichtungen entstehen lassen. Da sind einmal die Werke „Von dem Ritter und von dem Pfaffen“ und „Von den zwei sanct Johansen“ des *Heinzelin von Konstanz*, dann die „Minnelehre“ des *Johann von Konstanz* und schließlich gegen Ende des 14. Jhs. der mit didaktischer Absicht geschriebene „Ring“ des zwischen 1387 und 1395 als Advokat am bischöflichen Hof tätigen *Heinrich Wittenwiler*; zum andern aber werden wohl auch einige Schriften des Mystikers *Heinrich Seuse*, der — wahrscheinlich in Konstanz geboren — um 1330 als Lektor im Konstanzer Dominikanerkloster wirkte, hier in der Bischofsstadt entstanden sein.

In das gleiche 14. Jh. datiert ein erstes Aufblühen der G e s c h i c h t s s c h r e i b u n g in Konstanz, nachdem das Hochmittelalter — sieht man von den im Kloster Petershausen im 12. Jh. entstandenen *Casus monasterii Petrishusensis* und den nicht eigentlich zur Historiographie zu zählenden Viten der heiligen Bischöfe Konrad und Gebhard ab — kaum ein größeres Werk hervorgebracht hatte.

In das 14. Jh. gehört die für die Geschichte Südwestdeutschlands hochbedeutsame Chronik des Konstanzer Domherrn *Heinrich von Dießenhofen*, gehören aber auch die ersten Werke bürgerlicher Chronistik, die sich — aufbauend wohl auf einer heute verlorenen Bischofschronik aus der Wende vom 13. zum 14. Jh. — sowohl der Geschichte der Bischöfe als auch der Geschichte der Stadt zuwandten.

Diese bürgerliche Geschichtsschreibung, zu der Männer aus allen Schichten der städtischen Bevölkerung beitrugen, erlebte — erkenntlich an der Zahl der Werke — im 15. Jh. vor allem mit der Chronik *Gebhard Dachers* einen Höhepunkt; im 17.

Jh. verfiel sie dann jedoch zusehends. — Nicht mehr der gesamten Stadtgeschichte, sondern einem ihrer bedeutsamsten Ereignisse, dem Konzilsgeschehen, widmete der Konstanzer Kaufmann *Ulrich von Richental* seine reich illustrierte, ganz aus Konstanzer Sicht geschriebene Chronik. Ohne jeden Bezug auf die Geschichte der Stadt sind endlich die zwei gegen Ende des 15. Jhs. entstandenen Werke des Konstanzer Ritters *Conrad Grünenberg*: sein umfassendes Wappenbuch und die Beschreibung seiner Pilgerfahrt ins Heilige Land von 1468.

Von wesentlicher Bedeutung für das geistige Schaffen in der Bischofsstadt war die Einführung des Buchdrucks. Wenn auch das um 1475 gedruckte sog. Missale Speciale, dessen Druckort lange in Konstanz gesucht worden ist, eher in Basel entstanden sein dürfte, so spricht doch manches dafür, daß bereits vor 1500 in Konstanz Bücher gedruckt worden sind; die ältesten Konstanzer Drucke scheinen Breviere gewesen zu sein.

Der erste, eindeutig in Konstanz sein Gewerbe ausübende Drucker war *Johann Schäffler* aus Ulm. Sein erster Druck, Sallusts „*Coniuratio Catilinae*", datiert vom Jahre 1505. Damit beginnt die Geschichte des vor allem in der Reformationszeit für die Verbreitung der neuen Lehre wichtigen Konstanzer Buchdruckgewerbes; im Mittelpunkt des Konstanzer Buchdrucks stehen dabei für Jahrzehnte die in bischöflicher und die in städtischer Regie betriebenen Druckereien.

Nach 1600 dürften in Konstanz auch erste gedruckte Flugblattzeitungen erschienen sein. Den Druck einer periodischen *Zeitung* werden wir jedoch erst für die Zeit zwischen 1636 und 1648 annehmen können. Zu einer ständigen Einrichtung wurden Wochenzeitungen in Konstanz dann seit der ersten Hälfte des 18. Jhs.

Vom Ende des Alten Reiches bis zum Ende des Zweiten Weltkrieges

Die Entwicklung der Stadt im 19. und in der ersten Hälfte des 20. Jhs. ist in hohem Maße bestimmt von den Persönlichkeiten ihrer Bürgermeister bzw. (seit 1875) ihrer Oberbürgermeister und deshalb sei die Darstellung der Stadtgeschichte im 19. und 20. Jh. im großen und ganzen nach deren Amtszeiten gegliedert.

Die Lage, in der sich die zu Ende des Jahres 1805 badisch gewordene bisherige vorderösterreichische Landstadt Konstanz in den ersten drei Jahrzehnten des 19. Jhs. befand, war eine denkbar ungünstige. Bürgermeister (bis 1832 war es der ausgesprochen konservative Dr. Burkart), Stadtrat (5 Mitglieder) und Bürgerausschuß (32 Mitglieder) versuchten zu retten, was von der gegen Ende des 18. Jhs. immer noch ansehnlichen Rolle der Stadt zu retten war; so bemühten sie sich u. a. mit Erfolg um die Erhaltung des zu Beginn des 17. Jhs. von den Jesuiten gegründeten, 1784 verstaatlichten Lyzeums.

Der neue badische Staat, der in Konstanz immerhin ein Bezirksamt, ein Hauptzollamt, ein Postamt und schließlich sogar ein Hofgericht einrichtete, erhob Konstanz zwar zum Sitz der für weite Teile Oberbadens zuständigen Seekreisregierung, an deren Spitze bis zum Jahre 1825 eine so bedeutende Beamtengestalt wie die des Geh. Rates J. A. von Ittner stand. Aber als Ausgleich für die vom gleichen badischen Staat betriebene Auflösung der noch über die josephinischen Reformen hinaus erhaltenen Stifte und Klöster, von denen lediglich das Dominikanerinnenkloster Zoffingen verschont blieb, und für die *Aufhebung des Bistums Konstanz* im Jahre 1821 und damit zugleich des immer noch — im Gegensatz zum Bischof und seiner Verwaltung — in Konstanz ansässigen Domkapitels konnten diese Maßnahmen nicht gelten.

Die allmähliche Abwanderung der sehr zahlreichen Geistlichkeit und der geistlichen Beamtenschaft war durch die Verlegung einer staatlichen Mittelinstanz, die zudem nur für einen weit begrenzteren Raum, als ihn das alte Bistum Konstanz umfaßt hatte, zuständig sein sollte, auf keinen Fall aufzuwiegen.

Als nicht weniger gravierend erwies sich der durch die Maßnahmen der *Säkularisierung* hervorgerufene Niedergang der kulturellen Bedeutung der Stadt, der sich etwa zeigte in der Profanierung der meisten kirchlichen Bauten, im Verlust wertvoller Kunstgegenstände und im Abbruch bedeutender Baudenkmale, die das Bild der Bischofsstadt entscheidend mitgeprägt hatten, so z. B. der romanischen Kirche der Benediktinerabtei Petershausen, der Pfalz der Bischöfe neben dem Münster und der die Verbindung zwischen Stadtgemeinde und Kirche aufs deutlichste versinnbildlichenden Ratskapelle St. Lorenz am Obermarkt.

Als ähnlich einschneidend erwies sich die spürbare Beschränkung des religiösen Lebens, das bislang durch eine Vielzahl geistlicher Institutionen geprägt worden war. Diese Beschränkung äußerte sich vor allem in der *Reduzierung der Zahl der Pfarreien* auf drei, von denen lediglich die größte, St. Stephan, die Tradition der alten Stifts- und Pfarrkirche fortsetzte, während die Münsterpfarrei und die Dreifaltigkeitspfarrei, die in der ehemaligen Augustinerkirche ihr Domizil fand, Neugründungen darstellten.

Durch den Wegzug der Geistlichkeit und ihrer Beamtenschaft wurde darüber hinaus der schon im 18. Jh. zu beobachtende Bevölkerungsschwund noch bedeutend verstärkt und zugleich eine wesentliche *Umschichtung der Bevölkerung* herbeigeführt, unter der fortan der Handwerkerstand eine dominierende Stellung einnahm. Leerstehende Häuser und Arbeitslosigkeit waren typische Erscheinungen dieser Zeit des Strukturwandels.

Eine gewisse Abhilfe bedeutete es, daß sich der badische Staat 1819 entschloß, Konstanz zur *Garnisonsstadt* zu erheben; das hier von nun an beheimatete 2. Bad. Infanterieregiment „Markgraf Wilhelm" blieb allerdings nur bis zum Jahre 1832; erst mit dem Jahre 1850 begann eine bis zum Ende des Zweiten Weltkriegs nicht mehr unterbrochene zweite Epoche als badische Garnisonsstadt und als Sitz des Bad. Infanterieregiments Nr. 114. Mit dem Einzug des 2. Infanterieregiments im Jahre 1819 erfuhr die Zusammensetzung der Bevölkerung eine neuerliche Veränderung, die sich u. a. darin kundtat, daß es in dem seit 1548 wieder völlig rekatholisierten Konstanz im Jahre 1820 zur Gründung einer *evangelischen Kirchengemeinde* kam, die ihren Gottesdienst zunächst in der Kirche des ehemaligen Kapuzinerklosters, später in der ehemaligen Jesuitenkirche und seit 1873 in der neuerbauten Lutherkirche abhielt.

Sieht man von der als positiv zu wertenden Verlegung einer Garnison nach Konstanz ab, so waren die ersten Jahrzehnte der Konstanzer Gemeindepolitik wesentlich von der Abwehr immer neuer, die Stadt belastender Maßnahmen geprägt, ohne daß jedoch konstruktive Schritte zur Schaffung neuer Arbeitsplätze unternommen worden wären. Immerhin zeigte sich gegen Ende des dritten Jahrzehnts ein allmählicher Neuaufschwung des städtischen Wirtschaftslebens in der Gründung einer Handelskammer im Jahre 1828 und in der Gründung einer privaten *Dampfschifffahrtsgesellschaft*, zu deren Mitgründern der Konstanzer Kaufmann Delisle gehörte, im Jahre 1830. Fabriken und Großhandelsfirmen von überregionaler Bedeutung fehlten in Konstanz freilich noch immer weitgehend.

Eine wirklich spürbare Aufwärtsentwicklung aber begann erst mit dem Amtsantritt des noch sehr jungen Bürgermeisters Karl Hüetlin im Jahre 1832, der — als liberaler Politiker — tatkräftig Maßnahmen auf den verschiedensten Gebieten ergriff. So betrieb er 1834 die Begründung einer *Gewerbeschule* und die Umwandlung der 1830 geschaffenen Realschule in eine zunächst noch dem Lyzeum angegliederte *höhere Bürgerschule*. Er sorgte für die Bebauung des sog. *Rauneneggquartiers* zwischen Altstadt und See, er förderte die Errichtung des von Wessenberg, dem letzten Verweser des Bistums, gestifteten Waisenhauses für Mädchen, dessen Bau 1848 vollendet werden konnte. Er versuchte — erst recht nach dem Beitritt Badens zum Zollverein im Jahre 1836, durch den Konstanz mit Ausnahme der bis 1865 noch außerhalb bleibenden Vorstädte Stadelhofen und Paradies erstmals an eine echte Wirtschaftsgrenze zu liegen kam —, die Ansiedlung schweizerischer Industriebetriebe in und bei der Stadt zu erleichtern, und er forcierte von 1839 bis 1841 den Bau eines *Dampfschiffhafens.* Aber gerade dieses letztere Projekt durchzuführen, war nur möglich geworden dadurch, daß die Stadtgemeinde den durch Abbruch der Mauern und Türme anfallenden Bauschutt zur Auffüllung des Hafengeländes und zum Bau der Dämme zur Verfügung stellte — dies als Beispiel für eine sich bald als negativ erweisende Wirkung von Hüetlins ganz auf die Gestaltung der Zukunft ausgerichteten Bestrebungen. Während seiner Amtszeit erfuhr das bis dahin noch weitgehend vom Mittelalter geprägte Stadtbild in der Tat eine ganz entscheidende Wandlung.

Unter seiner Ägide kam es 1839 zur Begründung einer *Sparkasse*, und darüber hinaus ist er auch als Initiator von Vereinsgründungen hervorgetreten, so vor allem 1834 bei der Gründung des sog. *Bürgermuseums*, einer Gesellschaft, die neben der Förderung des gesellschaftlichen Lebens innerhalb der Bürgerschaft ausdrücklich die „Unterstützung der freisinnigen Stadtverwaltung" sich zum Ziel gemacht hatte. Das „Bürgermuseum" bildete gewissermaßen einen Gegenpol zum „Casino", das als Treffpunkt der in der Stadt und in ihrem Umland zahlreich vertretenen adeligen und großbürgerlichen Kreise diente. Aber diese freisinnige Haltung, die auch von der 1836 durch Josef Fickler begründeten Zeitung „Die Seeblätter" nachhaltig unterstützt wurde, vermochte Hüetlin dennoch nicht zu einer radikalen Politik zu verleiten. Das zeigte sich deutlich in seiner Zurückhaltung gegenüber der von 1845 bis 1849 in Konstanz bestehenden *deutsch-katholischen Gemeinde*, wie nicht anders in seiner sehr gemäßigten Haltung während den auch und gerade in Konstanz sehr bewegten Vorgängen der Jahre 1848 und 1849, die in der ohnedies vom liberalen Geist des bis zu seinem Tode im Jahre 1860 in den Mauern der Stadt lebenden letzten Konstanzer Bistumsverwesers Ignaz Heinrich von Wessenberg erfaßten Bevölkerung eine starke Teilnahme fanden.

Bereits am 4. März des Jahres 1848 hatte der Bürgerausschuß eine Petition hinausgehen lassen, in der u. a. ein deutsches Parlament gefordert wurde. Einer der bedeutendsten Agitatoren war in Konstanz der Redakteur der „Seeblätter" *Joseph Fickler*, der durch seine baldige Verhaftung freilich auf die folgenden Ereignisse keinen Einfluß mehr nehmen konnte. Immerhin wurde Konstanz im April des gleichen Jahres zu einer der Hochburgen der badischen *Revolutionsbewegung*, denn hier proklamierten Hecker und Struve in einer Volksversammlung auf dem St. Stephansplatz am 12. IV. 1848 sehr wahrscheinlich eine Deutsche Republik, und von Konstanz begann Hecker seinen Zug hinaus ins badische Land. Der liberale Bürgermeister Hüetlin versuchte indessen zu retten, was zu retten war. Als am 11. und 12. Juli 1849 hessische Truppen in Konstanz einmarschierten, mußte auch hier die Idee von einer deutschen Republik begraben werden, die Jahre hindurch in den zahlreichen Schriften, die von der unmittelbar an der Stadtgrenze, auf Schweizer Boden gelegenen Emigrantendruckerei Bellevue ausgegangen waren, eine wesentliche Propagierung erfahren hatte.

Trotz seiner gegenüber allen radikalen Äußerungen geübten Zurückhaltung, mußte Bürgermeister Hüetlin Ende 1849 auf sein Amt Verzicht leisten. In seiner beinahe 18jährigen Amtszeit hatte er es immerhin vermocht, die Stadt — wenn auch nicht ohne harte Eingriffe in ihre kulturelle Substanz — in eine neue Zeit hinüberzuführen. Äußeres Zeichen für den Erfolg seiner Maßnahmen ist das Ansteigen der Bevölkerungszahl von rund 5000 Einwohnern im Jahre 1832 auf beinahe 7000 Einwohner im Jahre 1850.

Hüetlins Werk wurde von seinen Nachfolgern im Amte zwar nicht mit der gleichen Zielstrebigkeit, so doch im selben Sinne weitergeführt.

Die Fünfzigerjahre waren freilich zunächst einmal durch einen starken ökonomischen Niedergang der Stadt gekennzeichnet, der sich im Ruin vieler Unternehmen, in großer Verarmung, in zahlreicher Auswanderung und in der Zunahme von Kinderarbeit und von Straßenbettel spiegelte. All diese Erscheinungen waren nicht zuletzt bedingt durch die Errichtung einer schweizerischen Zollinie im Jahre 1850 und durch die noch immer mangelnde Anbindung der Stadt an das deutsche Eisenbahnnetz.

Dagegen unternahm die Verwaltung im Jahre 1852 einen bedeutsamen Schritt auf dem Wege zu einer Intensivierung des kulturellen Lebens in der Stadt durch den Ankauf des ehemaligen Theatergebäudes der Jesuiten. Zwar wurde das bislang an Wander-Spieltruppen vermietete *Theater* von der Stadt noch nicht in eigene Regie übernommen, aber immerhin nun an längere Zeit in Konstanz verbleibende Theaterdirektoren vermietet. Indessen hat auch private Initiative das kulturelle und gesellschaftliche Leben in Konstanz, das vor allem von dem zahlreich in der Stadt ansässigen Adel und von der Beamtenschaft getragen wurde, wesentlich bereichert: so war 1858 ein *Kunstverein* gegründet worden, war die Stadt durch eine hochherzige Stiftung des 1860 verstorbenen Freiherrn von *Wessenberg*, dessen Persönlichkeit das geistige Leben von Konstanz in der ersten Jahrhunderthälfte entscheidend geprägt hatte, in den Besitz einer Gemäldegalerie und einer wissenschaftlichen Bibliothek gelangt, und hatten sich 1862 die für kulturelle Belange sehr aufgeschlossene Gesellschaft „Gerstensack" sowie ein Turnverein gebildet. Durch die Verselbständigung der höheren Bürgerschule im Jahre 1854 waren zudem auch die Möglichkeiten einer differenzierten Ausbildung verbessert worden.

Das religiöse Leben in der Stadt erhielt in jenen Jahren nach der Jahrhundertmitte ebenfalls neue Akzente: nachdem 1820 eine evangelische Kirchengemeinde gegründet worden war, die sich freilich erst bedeutend später, 1873, ein eigenes Kirchengebäude schaffen konnte, kam es als Folge der in Baden ermöglichten Gleichberechtigung der Juden im Jahre 1863 und des damit einsetzenden Zuzugs von Israeliten aus Dörfern des Hegaus in die Stadt, zur Gründung einer ersten inoffiziellen israelitischen „Religionsgesellschaft", die sich genau zwanzig Jahre später eine eigene Synagoge erbaute. Die *israelitische Gemeinde* hatte — nebenbei bemerkt — im Jahre 1900 mit 565 Mitgliedern ihren Höchststand aufzuweisen; ihr Anteil an der Gesamtbevölkerung betrug damals 2,5 %. In etwa dieselbe Zeit, in das Jahr 1865, fiel auch die Gründung der *Freimaurer-Loge* „Constantia zur Zuversicht".

Auch für die wirtschaftlichen Verhältnisse der Stadt bedeuteten die Sechzigerjahre des 19. Jhs. einen wichtigen Zeitabschnitt: 1862 war ein *Vorschußverein* gegründet worden, aus dem später die Volksbank hervorgehen sollte. Um die Randlage von Konstanz, dessen Stadtgebiet seit 1865 vollständig in den Zollverein einbezogen wurde, wenigstens etwas zu mildern, war man bestrebt, mit dem Wiederaufbau der 1856 abgebrannten hölzernen Rheinbrücke in den Jahren 1858 bis 1861 den Bau einer *Eisenbahnbrücke* über den Fluß zu verbinden, mit deren Hilfe es möglich wurde, daß die Rheintalbahn bis nach Konstanz hinein verlängert und die Stadt 1863 mit der Eröffnung dieser Bahnlinie endlich an das deutsche Eisenbahnnetz angeschlossen werden konnte. Zugleich wurde die bislang in privaten Händen liegende Dampfschiffahrtsgesellschaft in Staatsbesitz überführt.

Das gleiche Jahr 1863 brachte außerdem die Umwandlung der in Konstanz residierenden Regierung des Seekreises in das Amt eines für die Kreise Konstanz, Villingen und Waldshut zuständigen Landeskommissärs, der seinen Sitz ebenfalls in Konstanz behielt. Außerdem wurde Konstanz im selben Jahr Sitz eines *Kreisverbandes*, der für das Gebiet von 6 Bezirksämtern zuständig sein sollte.

War hier nun schon Wesentliches geschaffen, um Konstanz wieder zu einem politischen, wirtschaftlichen und kulturellen Mittelpunkt des badischen Bodenseegebietes, aber darüber hinaus immer noch auch des nördlichen Thurgaus werden zu lassen, so brachte die Amtszeit des Bürgermeisters Max Stromeyer von 1866 bis 1877, die wesentlich mit der sich auch in Konstanz in einer fieberhaften Bautätigkeit dokumentierenden „Gründerzeit" zusammenfiel, der Stadt einen ungeahnten Aufschwung. Unter Stromeyer, der als „Linksliberaler" eine Fülle von Reformen durchzusetzen versuchte, wurde das bereits von Bürgermeister Hüetlin begonnene Werk der Beseitigung der letzten Reste der mittelalterlichen Stadtbefestigung mit der Zuschüttung der noch immer vorhandenen Stadtgräben vollendet und damit zugleich einerseits die Möglichkeit einer Stadterweiterung nach Westen in das „Paradies" hinein geschaffen, andererseits aber auch das jenseits des Rheins, nördlich an die ehemalige Petershauser Klosteranlage sich anschließende Gebiet der Bebauung erschlossen. So wurde denn 1868 mit der Auffüllung der Seestraße begonnen, wurde im Jahre 1872 rechtsrheinisch ein neues *Krankenhaus* eröffnet und ein neuer Friedhof angelegt und wurde 1875 das nicht zuletzt auch mit städtischen Mitteln gegründete Bad-Hotel an der Seestraße eröffnet, mit dem eine Belebung des Fremdenverkehrs erzielt werden sollte, um den sich im übrigen bereits seit 1869 ein Verkehrs- und Verschönerungsverein eigens bemühte.

Auch die Rolle von Konstanz als Wirtschaftszentrum erhielt während der Amtszeit Stromeyers eine wesentliche Aufwertung: einmal durch die Einrichtung eines *Frucht- und Mehlmarktes* in den unteren Räumen des alten Kaufhauses am Hafen und dann vor allem durch den *Anschluß* der Stadt in den Jahren 1871 und 1875 an die *Bahnlinien*, die nach *Romanshorn* und nach *Winterthur* führten.

Die Hebung des kulturellen Lebens in der Stadt blieb daneben ebenfalls keineswegs vernachlässigt: so wurde der wissenschaftlichen Wessenberg-Bibliothek eine *Volksbücherei* angegliedert und erhielt die Stadt 1871 durch die Initiative Ludwig Leiners im ehemaligen Zunfthaus zum Rosengarten *kulturhistorische und naturgeschichtliche Sammlungen*, nachdem bereits seit der ersten Hälfte des 19. Jhs. im Kaufhaus eine private Sammlung bestanden hatte. Außerdem wurden 1872 die Wintervorlesungen der Wessenberg-Denkmalstiftung ins Leben gerufen.

Auch auf dem *schulischen Sektor* hat Stromeyer entscheidende Schritte unternommen: 1868 wurde in Konstanz die erste konfessionell gemischte *Volksschule* Deutschlands eröffnet, 1872 das Lyzeum in ein Gymnasium umgewandelt. Im Jahre 1869 wurde eine Höhere Mädchenschule errichtet, aus der dann im Jahre 1877 eine Höhere Töchterschule (das heutige „Ellenrieder-Gymnasium“) erwuchs.

Unter Stromeyer hatte freilich der konfessionelle Friede in der Stadt schwere Einbußen zu erleiden. Nachdem schon in seinen ersten Amtsjahren nach langwierigen Streitigkeiten mit den kirchlichen Behörden das Spitalvermögen unter bürgerschaftliche Verwaltung gebracht (1867) und dann die konfessionell gebundene Volksschule durch die Bestrebungen des Bürgermeisters aufgehoben worden war, schien der Kirche die Notwendigkeit gekommen, Stromeyer 1869 zu exkommunizieren.

Gleichwohl war Stromeyer lediglich Exponent breiter liberaler Strömungen in Konstanz, die sich — beeinflußt durch das Gedankengut Wessenbergs — z. B. in den nationalkirchlichen Bestrebungen der katholischen Stadtpfarrer Strasser, Kuenzer und Kotz sowie bereits in den 40er Jahren in der Gründung einer deutschkatholischen Gemeinde kundgetan hatten, und nun, nach dem ersten vatikanischen Konzil, gleich 1870, zur Bildung eines Vereins der *Altkatholiken* in Konstanz führten, zu dessen Begründern bezeichnenderweise Mitglieder der angesehensten Familien gehörten. 1873 kam es schließlich zum Protest von 657 katholischen Männern gegen das Unfehlbarkeitsdogma und im gleichen Jahr zur offiziellen Gründung einer altkatholischen Gemeinde, der durch den Gemeinderat das Recht der Mitbenutzung an der ehemaligen Augustinerkirche eingeräumt wurde.

Der September des Jahres 1873 sah dann gar den 3. Altkatholiken-Kongreß in den Mauern der Stadt. Es war nach alldem nicht verwunderlich, daß das 1865 gegründete Knabenseminar St. Konradihaus 1874 gesetzlich geschlossen wurde und erst 1884 wieder eröffnet werden konnte. Aber auch die Gegenbewegung auf römisch-katholischer Seite blieb nicht aus. Das 1876 gefeierte Konradsjubiläum und der 1880 in Konstanz veranstaltete *Katholikentag* wurden zum Anlaß genommen, die Ungebrochenheit der katholischen Kirche zu beweisen.

Und in den gleichen Zusammenhang gehört auch die Gründung des der Zentrumspartei nahestehenden „Konstanzer Tageblatts“ im Jahre 1873 als Kampfblatt gegen die seit 1821 bzw. 1829 bestehende liberale „Konstanzer Zeitung“.

Die *politischen Verhältnisse* jener Jahre spiegeln sich am deutlichsten in den Wählerstimmen wider: 1874 standen 3550 liberalen 2840 Zentrumsstimmen entgegen. Erst von 1879 an zeigt sich ein Überwiegen des Zentrums in der Stadt.

Hatte Stromeyer 1875 die erste Oberbürgermeisterwahl trotz der politischen und religiösen Kämpfe, in die er verstrickt war, ohne weiteres gemeistert, so wurde seine Stellung — ungeachtet seiner zahlreichen Verdienste um die wirtschaftliche Aufwärtsentwicklung der Stadt (1872 war noch die Errichtung einer Oberpostdirektion und 1875 die einer Agentur der Reichsbank in Konstanz gelungen) — vor allem durch den Zusammenbruch der von der Stadt finanziell gestützten Badhotelgesellschaft im Jahre 1877 unhaltbar. Im gleichen Jahre 1877 hat sich Stromeyer dann auch zum freiwilligen Rücktritt entschlossen.

Unter Oberbürgermeister Otto Winterer, der die Geschicke der Stadt von 1877 bis 1888 leitete, kehrte allmählich wieder Friede in die Stadt ein, wurden einige der von Stromeyer betriebenen Unternehmungen wieder auf das rechte Maß zurückgeführt und im übrigen die auf rund 13 000 Einwohner angestiegene Stadt (beim Amtsantritt Stromeyers 1866 hatte sie erst rund 9000 Einwohner umfaßt) mit sicherer Hand geführt. Winterer forcierte u. a. den bereits seit 1865 in Angriff genommenen Ausbau der rechts des Rheins gelegenen alten Vorstadt *Petershausen* zu einem modernen Stadtteil, wie er andererseits auch die alte Vorstadt Stadelhofen im Süden, an der Grenze zur Schweiz, durch neue Straßenzüge bedeutend erweitern ließ.

Winterers Verdienst ist es darüber hinaus, daß durch die Auffüllung des Sees in den Jahren 1878/79 zwischen der „Insel" und dem Hafen ein *Stadtgarten* geschaffen werden konnte. Für die Lebensmittelversorgung der Bevölkerung war es wichtig, daß im Jahre 1878 ein Schlachthaus in Betrieb genommen wurde. Auch das *Schulwesen* erfuhr in diesen Jahren eine Verbesserung: 1885 konnte eine Handelsschule eingerichtet werden, und 1888 wurde die Wallgutschule, eine Mädchenvolksschule, eröffnet.

Die unter Oberbürgermeister Winterer begonnene Konsolidierung der Stadtentwicklung wurde von seinem Nachfolger, dem 1888 zum Oberbürgermeister gewählten Franz Weber konsequent fortgesetzt. In den rund 25 Jahren seines Wirkens (bis zum Jahre 1914), während der die Zahl der Einwohner von rund 16 000 auf rund 30 000 anwuchs, wurden wesentliche Schritte auf dem Weg zu einem modernen städtischen Gemeinwesen getan.

Nicht nur, daß die Stadt vorab in den Stadtteilen Petershausen und Stadelhofen sowie nach Westen hin eine ständige Ausweitung erfuhr, es wurden vor allem auch wichtige *Versorgungseinrichtungen* geschaffen, die teilweise bis in unsere Tage ihrem Zwecke dienen. Das gilt etwa für die Übernahme des 1861 gegründeten privaten Gaswerkes in städtische Regie im Jahre 1892, für die Eröffnung eines Krankenhausneubaues im Jahre 1900, für die Vollendung des Seewasserwerks im Jahre 1905, mit dessen Inbetriebnahme die Wasserversorgung der Stadt auf Jahrzehnte hinaus sichergestellt wurde; das gilt weiterhin für die Vollendung des Elektrizitätswerks im Jahre 1908 und für die Verbesserung der Verkehrssituation der Stadt durch die Eröffnung der von der Stadt mitfinanzierten Mittelthurgaubahn zwischen Konstanz und Wil im Jahre 1911, durch die ein unmittelbarer Anschluß an die wichtige schweizerische Eisenbahnstrecke von Romanshorn nach Zürich geschaffen wurde.

All diese Maßnahmen, zu denen auch der Neubau und die Erweiterung des Hafens gerechnet werden muß, trugen u. a. dazu bei, die Wirtschaftsstruktur der Stadt wesentlich zu verbessern. Vor allem die *Textilindustrie* nahm in Konstanz einen bedeutenden Aufschwung mit Firmen von Weltruf; dazu kamen als weiterer bedeutender Industriezweig die *chemische Industrie* und endlich — freilich in bedeutend geringerem Umfang — Werke der Eisenindustrie. Daneben aber blieb Konstanz auch in diesen Jahrzehnten fortschreitender Industrialisierung ein weitgehend von Handel und Handwerk geprägtes Wirtschaftszentrum, blieb Konstanz vor allem Einkaufszentrum und Behördenstadt. Eine immer größere Bedeutung kam in den Jahren vor und nach der Jahrhundertwende überdies dem Hotel- und Gaststättengewerbe zu. Der Fremdenverkehr, dem es diente, nahm denn auch einen erstaunlichen Aufschwung; so wuchs beispielsweise die Zahl der Gäste in den Jahren 1906 bis 1911 von 50 733 auf 82 434 an.

Der Fremdenverkehr, die Industrialisierung und nicht zuletzt auch die Eigenschaft von Konstanz als Garnisonsstadt beeinflußten verständlicherweise die Bevölkerungsstruktur nicht unwesentlich; eine dieser Veränderungen läßt sich beispielsweise an der *Konfessionsgliederung* ablesen, wie sie sich etwa im Jahre 1910 darstellte. Aus der zu Beginn des 19. Jhs. im Grunde noch ganz von Katholiken bewohnten Stadt war nun eine konfessionell vielfältiges Gemeinwesen geworden: den rund 20 000 Katholiken standen immerhin bereits rund 5000 Protestanten, 1000 Altkatholiken und 500 Israeliten gegenüber.

Die wachsende Bevölkerung bedurfte nicht nur neuer Wohngebiete, sondern auch eines wesentlich erweiterten Angebots an Unterrichtsstätten: 1903 erhielt zunächst die Realschule, die 1899 zur neunklassigen Oberrealschule ausgebaut worden war, einen Neubau; 1909 wurde im stark angewachsenen Stadtteil Petershausen ein Volksschulgebäude errichtet; und im Jahre 1911 zogen sowohl das Gymnasium als auch die Höhere Mädchenschule in neue Schulhäuser ein. Das *Unterrichtswesen* der Stadt erfuhr darüber hinaus eine entscheidende Bereicherung durch die Begründung eines privaten Technikums im Jahre 1906, aus dem die heutige Fachhochschule erwachsen ist.

Als Oberbürgermeister H e r m a n n D i e t r i c h im März 1914 die Nachfolge von Oberbürgermeister Weber antrat, konnte er ein wohlgeordnetes Erbe übernehmen. Seine Pläne für einen weiteren Ausbau der Stadt und eine weitere Modernisierung der städtischen Einrichtungen wurden indessen schon nach wenigen Monaten durch den Ausbruch des Ersten Weltkrieges zunichte gemacht. Das einzige bedeutende Werk, das er unter diesen widrigen Umständen verwirklichen konnte, war die *Eingemeindung* des rechtsrheinisch gelegenen, mit seiner Feldflur an die alte Petershauser Gemarkung anstoßenden Dorfs *Allmannsdorf* mit den dazugehörigen Ortsteilen Egg und Staad am 1. Januar 1915. Damit reichte von nun an die Gemarkung Konstanz bis an den Überlinger See heran, und Konstanz besaß mit Staad zugleich einen der beiden Brückenköpfe für die bereits seit dem Mittelalter belegte Schiffsverbindung hinüber nach Meersburg. — Ansonsten aber waren die Kriegsjahre erfüllt von der Sorge um den auch die Stadt sehr stark beanspruchenden Ablauf der zahlreichen, zwischen Deutschland und der Schweiz hin- und hergehenden Austauschtransporte von Gefangenen und Verwundeten. Vor allem aber verstand es Oberbürgermeister Dietrich, die durch die ungünstige Verkehrslage der Stadt immer wieder gefährdete *Lebensmittelversorgung* ihrer Bewohner bis zum Kriegsende sicherzustellen. Unter seiner Ägide begann die Stadt auch ganz bewußt, durch Vergabe billigen Baulandes den sozialen *Wohnungsbau* zu fördern.

Mit dem Ende des Ersten Weltkrieges ging zugleich auch die Ära Dietrich zu Ende, da Oberbürgermeister Dietrich zum Außenminister der provisorischen badischen Regierung berufen wurde, in ein Amt, das er später mit dem eines Reichsministers für Ernährung und Landwirtschaft und danach der Finanzen eintauschte.

Unter dem ihm am 12. Juni 1919 im Amt nachfolgenden Oberbürgermeister Otto Möricke konnten die vor dem Krieg in Angriff genommenen Maßnahmen konsequent fortgeführt werden. Vor allem der *Wohnungsbau* erfuhr eine weitgehende Förderung durch die Stadt; so war es möglich, daß allein in dem Zeitraum von 1920 bis 1927 825 neue Wohnungen gebaut wurden. Die im Jahre 1919 rund 30 000 Einwohner aufweisende Stadt mit ihren — durch die Eingemeindung von Allmannsdorf und seinen Ortsteilen — weitverstreuten Siedlungsplätzen bedurfte vor allem auch einer *Erweiterung* ihres *Versorgungsnetzes* und eines Ausbaus ihrer technischen Werke. Zu diesen Maßnahmen gehörte — wenn auch nur am Rande — die Eröffnung eines *Flughafens* im Jahre 1919 mit einem allmählichen Anschluß an das europäische Flugnetz; zu ihnen gehörte aber vor allem im Jahre 1927 die Eröffnung der Autobuslinie Konstanz—Staad und die Eröffnung der *Autofähre* Staad—Meersburg im Jahre 1928 sowie im Jahre 1931 der Bau eines neuen Wasserhochbehälters auf der Allmannshöhe, der zugleich als Aussichtsturm diente und mit einer Jugendherberge verbunden wurde. Die intensive Förderung des Fremdenverkehrs wurde darüberhinaus nicht vernachlässigt.

Der Ruf von Konstanz als kulturelles und geistiges Zentrum wurde durch zwei städtische Initiativen noch wesentlich verstärkt: einmal durch die Gründung der städtischen *Bodenseeforschungsanstalt* im Jahre 1919, eines wissenschaftlichen Instituts zur Erforschung des Sees, und zum zweiten durch die Verlagerung des bislang nur unzureichend untergebrachten *Stadtarchivs* in das eigens für seine Aufnahme angekaufte Haus „zur Katz" im Jahre 1928. Bedeutende Ereignisse des kulturellen und kirchlichen Lebens der Stadt waren die umfassende Restaurierung des Münsters in den Jahren 1922/23 und die Feier des 800jährigen Jubiläums der Heiligsprechung des Bischofs Konrad im Jahre 1923.

Die Machtübernahme durch die Nationalsozialisten im Jahre 1933 zwang auch das bisherige Stadtoberhaupt zum Rücktritt und brachte die Einsetzung Albert Herrmanns zum neuen Oberbürgermeister.

In den wenigen Jahren bis zum Ausbruch des Zweiten Weltkriegs, die auf allen Gebieten der Administration und des täglichen Lebens eine *Gleichschaltung* nach nationalsozialistischem Ideengut brachte, konnten nur wenige Projekte in Angriff genommen werden. Es lag ganz im Zuge der Zeit, wenn nun die zweifellos naheliegende *Eingemeindung* des nördlich vor den Toren der Stadt gelegenen Dorfes *Wollmatingen* am 1. August 1934 zwangsweise vollzogen wurde (die Einrichtung einer Buslinie nach Wollmatingen folgte erst 1943), und wenn unter den Großprojekten dem Bau von Stätten zur körperlichen Ertüchtigung der Vorzug gegeben wurde. Dazu gehörten etwa der Bau der „Bodenseekampfbahn" im Jahre 1935 und der Bau des *Kur- und Hallenbades* im Jahre 1937.

Ebenfalls unter nationalsozialistischen Vorzeichen stand die Förderung des kulturellen Lebens in der Stadt, die sich etwa in der völligen Umgestaltung des Stadttheaters im Jahre 1935 und in der Eröffnung einer *Volksbücherei* im Jahre 1939 äußerte.

Brachte das Jahr 1937 mit der Auflösung der Oberpostdirektion Konstanz eine nicht unbedeutsame Einbuße für die Stadt als Verwaltungszentrum, so bedeutete demgegenüber die Verstaatlichung des bislang privaten *Technikums* im Jahre 1938 eine wesentliche Steigerung des Ansehens dieser höheren technischen Lehranstalt. Als Folge der nationalsozialistischen Politik wurde seit 1937 die *Grenze zur Schweiz* immer undurchlässiger, bis sie am 10. Mai 1940 völlig geschlossen und damit die Lage an der Grenze für Konstanz noch gravierender wurde, als sie es bisher schon gewesen war. Die Absichten der Nationalsozialisten wurden am 10. November 1938 mit der Niederbrennung der *Synagoge* durch die SS auch für weite Kreise der Bevölkerung offensichtlich. Die Vertreibung der Juden, denen jedoch durch die Grenznähe immerhin noch einige Chancen zur Flucht gegeben waren, bedeutete eine konsequente Fortsetzung nationalsozialistischer Politik.

Seit dem Jahre 1943 wurde das unmittelbar an der Grenze zur neutralen Schweiz gelegene Konstanz zum bevorzugten Ziel der vor Bombenangriffen und Kampfhandlungen Sicherheit suchenden Evakuierten und *Flüchtlinge* aus allen Teilen des Reiches. Die seit Sommer 1944 von der Stadtverwaltung unternommenen Bemühungen um die Anerkennung der Stadt als Austauschstadt für Kriegsgefangene und Zivilinternierte trugen noch weiter dazu bei, die Unterbringung von soviel Menschen in der inzwischen auf rund 39 000 angewachsenen Stadt zu einem Problem werden zu lassen. Die Lage wurde noch kritischer als alle verfügbaren Räume zur Einrichtung von Lazaretten in Beschlag genommen wurden, in denen schließlich bis zu 5000 Verwundete gleichzeitig untergebracht waren.

Immerhin hat diese Funktion von Konstanz als Quasi-Lazarett-Stadt wesentlich dazu beigetragen, daß die Stadt sowohl von Bombenangriffen als auch von Kriegshandlungen selbst so gut wie ganz verschont geblieben ist und dank den vereinten Bemühungen ziviler und militärischer Stellen in Konstanz und in der unmittelbaren Schweizer Nachbarschaft — dort vor allem durch Bezirksstatthalter Otto Raggenbaß — am 26. April 1945 den französischen Streitkräften kampflos übergeben werden konnte.

ABBILDUNGSNACHWEIS

Sämtliche Abbildungsvorlagen stammen aus dem Bildarchiv des Stadtarchivs Konstanz mit Ausnahme folgender Bilder:
Seite 54 = Stadtarchiv Villingen,
Seite 55 = Foto Hugel, Villingen.

Konstanz im Jahre 1847 von der Seeseite, mit dem Dampfboot »Königin von Württemberg« im Vordergrund (gezeichnet von R. Höfle, gestochen von C. M. Kurz)

Das Portal der im Jahre 1836 abgebrochenen Petershauser Klosterkirche aus dem 12. Jahrhundert (heute im Bad. Landesmuseum Karlsruhe). (aus: Heinrich Schreiber, Denkmale deutscher Baukunst des Mittelalters am Oberrhein, 1825, Nr. 10)

Das Konstanzer Münster um 1840 mit den Renaissancebekrönungen, die zwischen 1850 und ▷ 1853 einem neugotischen Turmhelm weichen mußten (gezeichnet von K. Korradi, gestochen von E. Höfer)

Die im 10. Jahrhundert von Bischof Konrad erbaute Kirche St. Paul (heute in der Hussenstraße, gegenüber dem Kaufhaus Hertie) vor der Profanierung des Jahres 1834. (Bleistiftzeichnung von Nicolaus Hug)

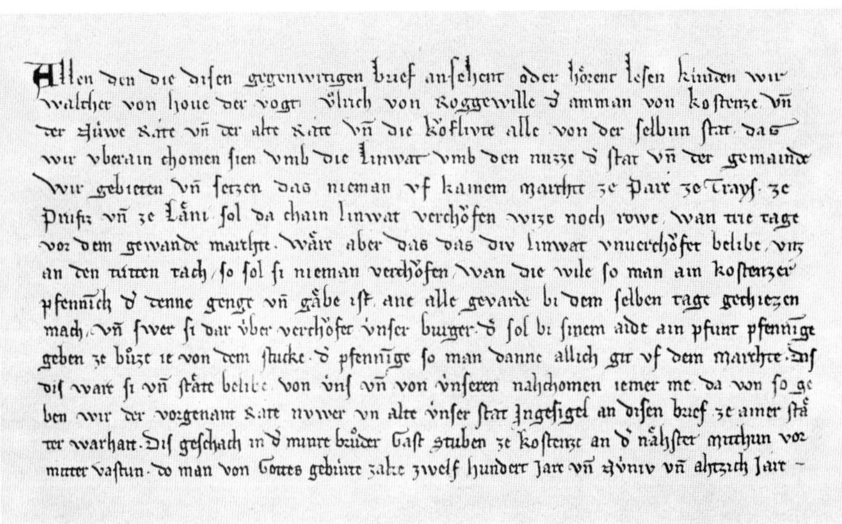

Allen den die disen gegenwirtigen brief ansehent oder hörent lesen kunden wir
walcher von houe der vogt. vlrich von Roggewille d' amman von kostenze vñ
der nüwe Rat vñ der alte Rat vñ die köflivte alle von der selbun stat. das
wir vberain chomen sien vmb die linwat vmb den nuzze d' stat vñ der gemainde
Wir gebieten vñ setzen das nieman vf kainem marchte ze Par ze Trays. ze
Prusis vñ ze Läni sol da chain linwat verchöfen wize noch rowe. wan drie tage
vor dem gewande marchte. Wäre aber das das div linwat vnuerchöfet belibe. vnz
an den dritten tach, so sol si nieman verchöfen. wan die wile so man ain kostenzer
pfennich d' denne genge vñ gäbe ist. ane alle gevarde bi dem selben tage gechiezen
mach, vñ swer si dar über verchöfet vnser burger. d' sol bi sinem aide ain pfunt pfennige
geben ze büze ie von dem stucke. d' pfenninge so man danne allich git vf dem marchte. Das
dis wart si vñ stäte belibe von vns vñ von vnseren nahchomen iemer me. da von so ge
ben wir der vorgenant Rat nvwer vn alte vnser stat Ingesigel an disen brief ze ainer stä
ter warhait. Dis geschach in d' minre brüder Gast stuben ze kostenze an d' nähster mitthun vor
mitter vastun. do man von Gottes geburte zalte zwelf hundert Jar vñ nivn vñ ahtzich Jar –

Konstanz als Handelszentrum des Mittelalters: Vogt, Ammann, Rat und Kaufleute der Stadt erlassen am 16. März 1289 eine Ordnung über den Verkauf von Konstanzer Leinwand in den Konstanzer Häusern der Messe-Orte Bar sur Aube, Troyes, Provins und Lagny in der Champagne (Orig. Stadtarchiv Konstanz U 9170 bzw. 6975)

Das im Jahre 1388 am See erbaute Kaufhaus der Stadt (»Konzil«), in dem 1417 die Wahl Papst Martins V. stattgefunden hat. Ansicht aus der Mitte des 19. Jahrhunderts mit dem 1841 erbauten Leuchtturm im Hintergrund; links der Erker des Gasthauses »Zum Weißen Kreuz«, rechts die Wache (nach einer Vorlage von Lange gestochen von Rohbock)

Konstanz im Mittelalter: Das große Siegel der Stadt

Der selig hainrich süs ze costentz geborn am bodmer see
Nam die ewig wyßhait zům gmahel geistlicher ee
Sein gespons tet im den namen verwannden
Amandus hieß sy in nemmen in allen lannden
Sein leben wz er in irm dienst vertzeren ere
Des frödt sich vlm die sein grab vnd hailtū halt in

Konstanz zur Zeit des Konzils: Johannes Hus, geb. 1369, 1415 in Konstanz verbrannt. Hieronymus von Prag, geb. 1365, 1416 in Konstanz verbrannt. Zeichnung von Nikolaus Hug, Konstanz, 1832 (aus: »Abbildungen alter Kunstwerke, vornehmlich aus den Fächern der Bau- und Bildhauer-Kunst, welche sich im Großherzoglich Badischen Seekreise vorfinden«).

◁ Konstanz im Spät-Mittelalter: Heinrich Seuse, geb. um 1295, gest. 1366. Dominikanermönch, Mystiker. Seit etwa 1308 und dann wieder seit 1326 im Konstanzer Dominikanerkloster

Da folget geschrifft stan
Also Crützetten sy täglichs für das kofhus am vischmarckt 1417.

Konstanz im Spätmittelalter: Eingemauerte Steine vom Torbogen des 1856 abgebrochenen Emmishofer Torturmes. Dargestellt sind eine Sonne und eine menschliche Figur mit Katzenkopf sowie die Jahreszahl 1477 (nach einer Originalzeichnung von Ludwig Leiner aus: »Das Alte Constanz«, 1881, S. 40)

◁ Konstanz zur Zeit des Konzils: Der Großmeister des Johanniter-Ordens von Rhodos beim Verlassen des Konstanzer Kaufhauses nach der Wahl Papst Martins V. im Jahre 1417 (aus der Konstanzer Handschrift der Richental-Chronik, S. 96v)

»Weihnachtsteppich«. Größe 130/78 cm. Darstellung der Geburt Christi zwischen zwei Heiligen, dem hl. Franz von Assisi, links, und dem hl. Ludwig, Erzbischof von Toulouse, rechts. Links und rechts vom Weihnachtsbild die Wappen der Stifter, des Andreas von Croaria (Sattler) aus Konstanz († vor 1503) und der Ursula von Münchwil. Aus dem Kloster St. Klara in Villingen; heute städtische Sammlungen Villingen

◁ »Muntpratteppich«. Größe 112/184 cm. Im Mittelfeld die Verklärung Christi; im rechten Seitenfeld die hl. Appolonia; im linken Seitenfeld die hl. Genoveva. In der rechten unteren Ecke die Wappen der Stifter, des Rudolf Muntprat aus Konstanz († 1479) und der Elisabeth Mötteli aus Ravensburg. Aus dem Kloster St. Klara in Villingen; heute städtische Sammlungen Villingen

Konstanz zur Zeit der Reformation: Ambrosius Blarer, geb. 1492, gest. 1564. Konstanzer Reformator

Konstanz zur Zeit der Gegenreformation: Andreas von Österreich, geb. 1585, gest. 1600. Seit 1589 Bischof von Konstanz. Kardinal. Kupferstich

Wappenscheibe des Konstanzer Patriziers Peter Fels d. J. und seiner Frau Elsbeth Spindler von 1595 mit Konstanzer Stadtansicht im Hintergrund links und rechts (Rosgartenmuseum Konstanz)

Konstanz als vorderösterreichische Stadt: aquarellierter Entwurf für die Feier der Exequien zu Ehren des im Jahre 1618 verstorbenen Erzherzogs Maximilian von Österreich in der St. Stephanskirche zu Konstanz (Original im Stadtarchiv Konstanz C I 5)

Konstanz als vorderösterreichische Stadt: Titelblatt einer Konstanzer Zunftordnung vom Jahre 1610 mit dem österreichischen Wappen, dem Stadtwappen und dem Wappen der (Müller-?)Zunft

Konstanz als vorderösterreichische Stadt: Titelblatt der Fischer-Zunftordnung mit dem Wappen des »Obherrn« der Zunft Johann Caspar Schmid, Rat der Erzherzogin Claudia von Österreich und Stadtvogt in Konstanz, umgeben von Wappen der Zunftobmänner. 1633

Eget schofen
Emiß hofen
Obere Hochstraß
Torckhel
Hoch straß
Zorckhel
Statt Brunnen Stuben
Daß Jäger Maaß
Creitzling Wüßen
Hofstatt güter
fischer haüßle
Mülle
Föbeli
Jöger Maaß
Brüel
Ziegel hütten
Paradeiß
Rhyn Fluß
Löhnerhoff
Schlößle
Peterschaußen
die andere Straß nach Wolmathingen

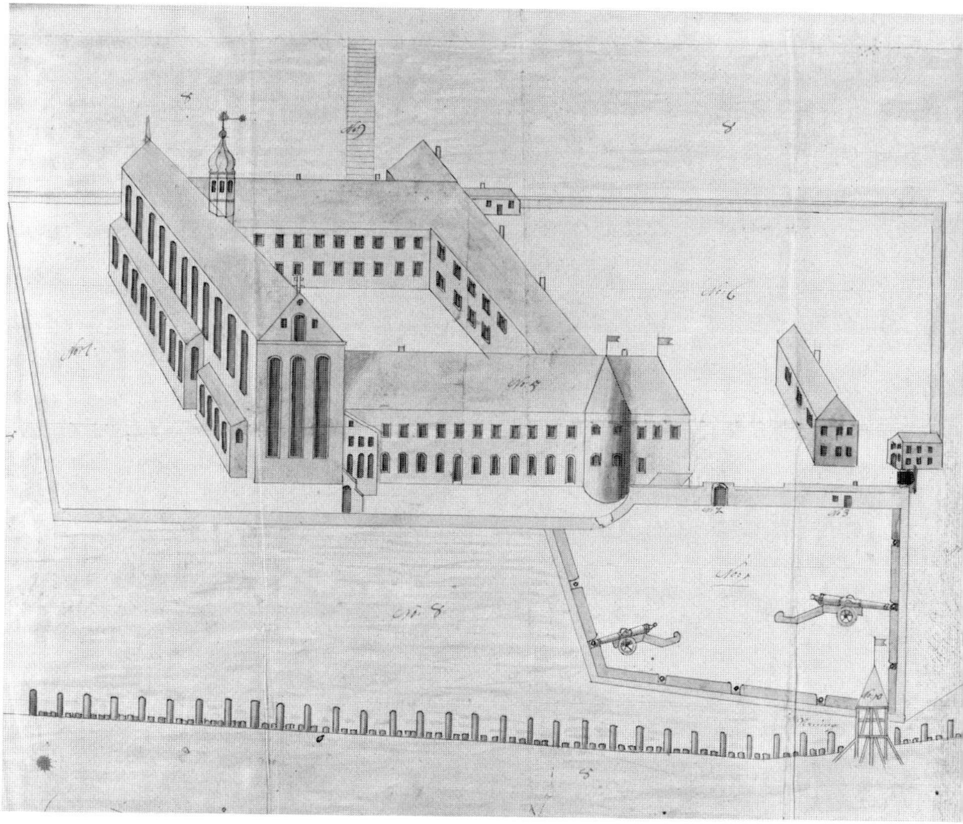

Konstanz als vorderösterreichische Stadt: Das profanierte Dominikanerkloster auf der Insel als Indiennefabrik des Genfer »Colonisten« Macaire um 1800. (Kolorierte Federzeichnung Stadtarchiv Konstanz S II 186 13)

◁ Konstanz als vorderösterreichische Stadt: Ausschnitt aus einer Bodenseeuferkarte des Jahres 1751 im Stadtarchiv Konstanz (Maßstab 1:7000) mit Einzeichnung der Straßen, auf denen die zollpflichtigen Waren den Konstanzer Zoll umgehen können

Ignaz Heinrich Freiherr von Wessenberg
(geb. 4. 11. 1774, gest. 9. 8. 1860)

Karl Hüetlin (geb. 8. 7. 1806, gest. 17. 1. 1861)
von 1832–1849 Bürgermeister von Konstanz

Josef Fickler (geb. 6. Februar 1808, gest. 26. November 1865)
Konstanzer Revolutionär der Jahre 1848/49

Max Stromeyer (geb. 6. Mai 1830, gest. 17. März 1902)
von 1866–1877 Bürgermeister von Konstanz

Ein Beispiel für Konstanzer Villenbauten in der zweiten Hälfte des 19. Jahrhunderts: die ehemalige Villa Bader, Mainaustraße 36, erbaut 1868/69 durch Prof. A. Weinbrenner, Karlsruhe

Industrialisierung in Konstanz: Blick auf Fabrik- und Verwaltungsgebäude der Hiag (Holzverkohlungsindustrie AG), 1902 aus der Chemischen Fabrik Konstanz, Gebr. Bantlin (heute Degussa) hervorgegangen. (Aufnahme wohl aus der Zeit nach dem ersten Weltkrieg)

Das 1915 eingemeindete Allmannsdorf mit der Fischersiedlung Staad: Fischer von Staad vor dem ersten Weltkrieg (Aufnahme Gebrüder Wolff)

Das 1934 eingemeindete Wollmatingen: Blick auf das 1609 erbaute alte Rathaus (Kindlebildstraße 8) (Foto Paul Motz 1959)

Städtische Omnibusse als öffentliches Verkehrsmittel: Ein Bus der Linie Konstanz–Mainau aus den zwanziger Jahren

Der Konstanzer Stadtrat am 9. Mai 1919 mit Oberbürgermeister Hermann Dietrich (1914–1919), dem späteren Reichsfinanzminister, in der Mitte.
Oben Reihe v. l. n. r.: die Stadträte Beurer, Schatz und Mannhart – mittlere Reihe v. l. n. r.: die Stadträte Sauter, Schroff, Melber, Fink, Roller, Ruppert, Strauß, Brehm, Kohlhammer, Ratschreiber Bühl – vordere Reihe v. l. n. r.: die Stadträte Butz, Federspiel, Welsch, Oberbürgermeister Dietrich, Bürgermeister Haulick und die Stadträte Rebholz und Delisle

Energieversorgung in Konstanz zu Beginn des 20. Jahrhunderts:
Blick in die Maschinenhalle des 1908 errichteten Elektrizitätswerkes

Konstanz im »Dritten Reich«: Einweihung der neuerbauten Rheinbrücke am 9. Oktober 1938

Konstanz im »Dritten Reich«: Blick auf die am 10. November 1938 durch die SS zerstörte Synagoge in der Sigismundstraße

Literaturhinweise

Vorbemerkung: Bei den hier gegebenen Literaturhinweisen ist keinerlei Vollständigkeit angestrebt: sie haben lediglich die Aufgabe, die im Text getroffenen Aussagen zu belegen. — Auf vor 1959 erschienene Arbeiten wird durch Sammelhinweis nach der entsprechenden Nummer bei F. *Lautenschlager* - W. *Schulz*: Bibliographie der badischen Geschichte, Bd. I ff., III und V, 1929 ff., 1960 (= L) hingewiesen.

VON DER SPÄTRÖMISCHEN EPOCHE BIS ZUM ENDE DES ALTEN REICHES

Anfänge und topographische Entwicklung

Zur römischen und frühmittelalterlichen Geschichte des Bischofssitzes und der Stadt jetzt kritisch zusammenfassend H. *Lieb*: Lexicon topographicum der römischen und frühmittelalterlichen Schweiz, I, 1967, S. 35 ff., dazu ergänzend H. von *Petrikovits*: Möglichkeiten der archäologischen Erforschung des römischen Konstanz, Manuskript o. J. im StadtA. Konstanz, und G. *Fingerlin*: Konstanz, in: Die Römer in Baden-Württemberg, 1976, S. 339—341, sowie W. *Erdmann* u. A. *Zettler*: Zur Archäologie des Konstanzer Münsterhügels, in: SVG Bodensee 95/1977, S. 19—134. — Zur Topographie des mittelalterlichen Konstanz jetzt H. *Maurer*: Stadterweiterung und Vorstadtbildung im mittelalterlichen Konstanz, in: E. *Maschke* / J. *Sydow*: Stadterweiterung und Vorstadt, 1969, S. 21—38, sowie G. *Nagel*: Das mittelalterliche Kaufhaus und seine Stellung in der Stadt, 1971, über Konstanz hier S. 122 ff. mit Stadtplan F, und der von H. *Maurer* bearbeitete historische Stadtgrundriß in: Historischer Atlas von Baden-Württemberg, 6. Lieferung (1978), Karte IV, 7.

Zu Einzelheiten: Nennungen der „Reichsstraße" vgl. z. B. StadtA. Konstanz, Urk. 10190 von 1355 XI 10 u. — topographisch besonders wichtig — StadtA. Konstanz, Ratsbuch von 1430, S. 176: „durch des Richs Straß und uff die Rynbrugg", sowie ebda Konstanz, Urk. 9886 von 1522 XI 20. — Zur Frühgeschichte des Bistums O. *Feger*: Zur Geschichte des alemannischen Herzogtums, in: ZWLG 16/1957, S. 41—94, sowie H. *Lieb*: Das Bistum Windisch und die Entstehung der Bistümer Lausanne und Konstanz, (in: Protokolle des Konstanzer Arbeitskreises für mittelalterliche Geschichte, Nr. 170 vom 6. XI. 1971), und H. *Keller*: Fränkische Herrschaft und alemannisches Herzogtum im 6. u. 7. Jh., (in: Protokolle des Konstanzer Arbeitskreises für mittelalterliche Geschichte, Nr. 206 vom 12. VI. 1976). — Zur frühmittelalterlichen Verkehrssituation der Stadt F. *Beyerle*: Das mittelalterliche Konstanz: Verkehrslage und wirtschaftliche Entwicklung. In: Syntagma Friburgense. Historische Studien Hermann Aubin dargebracht . . ., 1956, S. 29—48 u. neuerdings ergänzend G. *Wein*: Das alemannische Gräberfeld von Weingarten und seine Stellung in der Geschichte des frühen Mittelalters, in: Ulm und Oberschwaben 38/1967, S. 37—69, insbes. S. 54 ff., sowie H. *Maurer*: Fähre, Burg und Markt. Studien zum vorstädtischen Meersburg, in: Die Stadt in der europ. Geschichte. FS Edith Ennen, 1972, S. 259—269. — Zur Bischofs- und Königspfalz H. *Maurer*: Palatium Constantiense, in: Adel und Kirche. FS Gerd Tellenbach, 1968, S. 374—388. — Zu Eggenhusen vgl. H. *Maurer*: Eggenhusen — der alte Name des Stadtteils Paradies, in: Konstanzer Almanach XXI/1975, S. 65—68. — Zu Hausen und Hinterhausen vgl. *Krieger* I, Sp: 982; vgl. auch unter Allmannsdorf. — Über das Tägermoos A. *Leutenegger*: Das Tägermoos, in: Thurgauische Beiträge zur vaterländ. Geschichte 69/1932, S. 1—117. — Über öffentliche Gebäude im mittelalterl. Konstanz P. *Motz*: Die Rat- und Zunfthäuser in Konstanz. In: Bad. Heimat 13/1926, S. 51—59.

Nachtrag 1979: Die Arbeit von H. *Keller:* Fränkische Herrschaft . . ., ist inzwischen im Druck erschienen, in: ZGO 124/1976, S. 1–30. Außerdem R. *Schieffer:* Die Entstehung von Domkapiteln in Deutschland, 1976, S. 159 ff.

Zur Kirchengeschichte der Stadt vgl. L 28715—28751 u. L 28873—28907, und vor allem H. *Maurer*: Konstanz als ottonischer Bischofssitz (= Veröff. des Max-Planck-Instituts für Geschichte 39) 1973; zu den Konstanzer Bischöfen vgl. künftig die Übersicht, in: Helvetia Sacra, Abt. I, Bd. 2: Erzbistümer und Bistümer II, und — für die Stauferzeit — U.-R. *Weiss*: Die Konstanzer Bischöfe im 12. Jh., 1975; zu St. Stephan u. St. Johann, jetzt R. J. *Bock*, St. Johann in Konstanz, in: Helvetia Sacra, Abt. II, Tl. 2/1977, S. 308—324, und G. *Barisch*, ebda, S. 325—341; über Bischof Konrad den Heiligen vgl. jetzt die Beiträge der von H. *Maurer* u. a. herausgegebenen Festschrift: „Der heilige Konrad. Bischof von Konstanz", 1975. — Zu Petershausen I. *Miscoll-Reckert*: Kloster Petershausen als bischöflich-konstanzisches Eigenkloster, 1973, und G. *Spahr* - A. *Müller*: Petershausen, in: Germania Benedictina, Bd. V: Baden-Württemberg, 1975, S. 484—502. — Zu mittelalterlichen Stationsgottesdiensten und Prozessionen P. *Zinsmaier*: Eine unbekannte Quelle zur Gesch. der mittelalterlichen Liturgie im Konstanzer Münster, in: ZGO 104/1956, S. 52—104. — Über das Konrad-Spital und die Frühgeschichte des Stifts Kreuzlingen vgl. J. *Siegwart*: Die Chorherren- und Chorfrauengemeinschaften in der deutschsprachigen Schweiz, 1962, S. 284 ff., und E. *Meyer-Marthaler*: Zur älteren Geschichte des Klosters Münsterlingen, in: Zeitschrift für Schweizerische Kirchengeschichte 64/1970, S. 153—172. — Zum Schottenkloster vgl. F. *Quarthal*: Konstanz, Schottenkloster, in: Germania Benedictina, Bd. V: Baden-Württemberg, 1975, S. 359—363. — Zum Dominikanerkloster auf der Insel jetzt M. B. *Hilberling*: Das Dominikanerkloster St. Nikolaus auf der Insel vor Konstanz, 1969. — Über das Heiliggeistspital neuestens W. W. *Schürle*: Das Hospital zum Heiligen Geist in Konstanz, 1970, und K. *Mommsen*: Zu den Anfängen der Ratsverfassung und des Spitals in Konstanz, in: ZGO 120/1972, S. 469—479. — Zu den übrigen Wohlfahrtseinrichtungen der Stadt E. *Leisi*: Das Siechenhaus zu Kreuzlingen im hohen Mittelalter, in: Alt-Kreuzlingen (= Beitr. zur Ortsgeschichte von Kreuzlingen XV) 1962, S. 3—23, u. H. *Strauss*: Das Kreuzlinger Leprosenhaus, ebda, S. 25—40 u. S. 44 ff., sowie O. *Feger*: Die wohltätigen Sonderstiftungen in Konstanz, in: „Spital und Stadt" (= Protokoll der 2. Arbeitstagung des „Arbeitskreises für südwestdeutsche Stadtgeschichtsforschung"), 1964, S. 43—46. — Über die Ratskapelle St. Lorenz H. *Maurer*: Die Ratskapelle, in: FS H. Heimpel, II, 1972, S. 225—236. — Zu den Stadthöfen auswärtiger Klöster beispielhaft R. *Sabrow*: Der Stadthof des Zisterzienserklosters Salem in Konstanz von seiner Gründung bis in das 15. Jh., in: SVG Bodensee 94/1976, S. 93—124. — Über Konstanz als Stätte des Konzilsgeschehens jetzt H. *Tüchle*: Die Stadt des Konzils und ihr Bischof, in: A. *Franzen* - W. *Müller*: Das Konzil von Konstanz, 1964, S. 55—66, u. O. *Feger*: Das Konstanzer Konzil und die Stadt Konstanz, ebda, S. 310—333. — Zur Konstanzer Reformationsgeschichte zuletzt vor allem B. *Moeller*: Johannes Zwick und die Reformation in Konstanz, 1961; B. *Moeller* (Hg.): Der Konstanzer Reformator Ambrosius Blarer 1492—1564, 1964; H. *Buck* u. E. *Fabian*: Konstanzer Reformationsgeschichte in ihren Grundzügen, I. Tl. 1519—31, 1965; D. *Heuschen*: Reformation, Schmalkaldischer Bund u. Österreich in ihrer Bedeutung für die Finanzen der Stadt Konstanz, 1499—1648, 1969, sowie H.-C. *Rublack*: Die Einführung der Reformation in Konstanz von den Anfängen bis zum Abschluß, 1531, 1971, u. W. *Bender*: Zwinglis Reformationsbündnisse, 1970, und J. Vögeli: Schriften zur Reformation in Konstanz 1519—1538, hg. von A. *Vögeli*, Bd. I—II, 1972/73. — Zur Rekatholisierung immer noch A. *Maurer*: Der Übergang der Stadt Konstanz an das Haus Österreich nach dem Schmalkaldischen Kriege, in: SVG Bodensee XXXIII/1904, insbes. S. 73 ff., und für die Zeit der Gegenreformation K. *Gröber*: Geschichte des Jesuitenkollegs und -Gymnasiums in Konstanz, 1904, u. jetzt J. E. *Mono*: Evangelische Kirche in Konstanz 1518—1970, 1970,

S. 19 ff., sowie F. *Strobel*: Die Gesellschaft Jesu, in: Helvetia Sacra, Abt. VII/1976, hier S. 243—278: Kolleg Konstanz 1592—1773. — Zur Aufhebung der Klöster H. *Schmid:* Säkularisation und Schicksal der Klöster in Bayern, Württemberg u. Baden 1802—1815 unter besonderer Berücksichtigung von Industrieansiedlungen in ehemaligen Konventen, 1975, S. 45.

Nachtrag 1979: Insgesamt wichtig A. *Borst,* Mönche am Bodensee 610–1525, 1978; vor allem die Kapitel „Dietrich. Abt in Petershausen", „Heinrich. Propst in Kreuzlingen", „Diethelm von Krenkingen. Bischof in Konstanz" und „Heinrich Seuse. Dominikaner in Konstanz". – Zu Kloster Petershausen jetzt H. G. *Walther,* Gründungsgeschichte und Tradition im Kloster Petershausen vor Konstanz, in: SVG Bodensee 96/1978, S. 31–67. – Zum Konstanzer Konzil s. jetzt Das Konstanzer Konzil, hg. von R. *Bäumer,* (= Wege der Forschung CCCCXV), 1977. Zu Hus und Konstanz vgl. jetzt F. M. *Bartoš:* Hus und Konstanz 1415–1915, in: Postylla Bohemica 7/1, 1978, S. 7–38, und „Hus in Konstanz", Ausstellungs-Katalog, bearb. von H. G. *Walther,* 1978. – Zur Konstanzer Reformationsgeschichte vgl. jetzt die Beiträge von B. Hamm, G. Seebaß und H.-Chr. Rublack, in: Kontinuität und Umbruch, hg. v. J. *Nolte* u. a. (= Spätmittelalter und frühe Neuzeit 2) 1978. – Vgl. auch M. *Lewis:* Ambrosius Blaurer and the Reformation in Constance, Diss. phil. Jowa USA, 1974. – Zur Klosteraufhebung jetzt H. *Schmid:* Die Säkularisation der Klöster in Konstanz und Umgebung 1782–1832, in: SVG Bodensee 96/1978, S. 69–124.

Stadtherren und Stadtgemeinde

Vgl. dazu L 28658—28711, sowie K. *Hefele*: Studien zum hochmittelalterlichen Stadttypus der Bischofsstadt in Oberdeutschland. Diss. phil. München, 1970; G. *Möncke*: Bischofsstadt und Reichsstadt. Ein Beitrag zur mittelalterlichen Stadtverfassung von Augsburg, Konstanz u. Basel. Diss. phil. FU Berlin, 1971; G. *Köbler*: Stadtrecht und Bürgereinung bei Notker von St. Gallen, 1974. Einzelheiten: Für die Anfänge der Stadtgemeinde H. *Maurer*: Die Konstanzer Bürgerschaft im Investiturstreit, in: Investiturstreit u. Reichsverfassung (= Vorträge und Forschungen XVII) 1973, S. 363—371, mit der älteren Literatur, sodann H. *Maurer*: Die Bischofsstadt Konstanz in staufischer Zeit, in Südwestdeutsche Städte im Zeitalter der Staufer, hg. von E. *Maschke* u. J. *Sydow*, 1978, und H. *Maurer*: Konstanz vor und nach 1300, in: Konstanz, ein Mittelpunkt der Kunst um 1300, (1972), S. 19—25. — Zum Radolfzeller Rechtszug vgl. StadtA. Konstanz Urk. Nr. 6/317 von 1502 IV 13. — Zur „Bischofshöri": Das älteste Urbar des Bistums Konstanz angelegt unter Bischof Heinrich von Klingenberg. Untersuchungen und Textausg. von O. *Feger*, 1943, (Oberrhein. Urbare 1 = Quellen und Forsch. zur Siedlungs- und Volkstumsgesch. der Oberrheinlande 3). — Zum Verhältnis Stadtgemeinde—Bischof und Reich vgl. für das 12. u. 13. Jh. H. *Maurer*: Bischofsstadt Konstanz in staufischer Zeit (s. o.). Für das 14. Jh. R. *Schell*: Die Regierung des Konstanzer Bischofs Heinrich III. von Brandis (1357—1383) unter besonderer Berücksichtigung seiner Beziehungen zur Stadt Konstanz, in: FDA 88/1968, S. 102—204; für das 15. Jh. U. *Janson*: Otto von Hachberg (1388—1451), Bischof von Konstanz, ebda, S. 205—358, und für den gesamten Zeitraum des 14. bis 16. Jhs. W. *Bender*: Zwinglis Reformationsbündnisse, 1970, insbes. das Kapitel „Das Verhältnis zwischen Bischof und Stadt in Konstanz vom Ende des 14. bis zur Mitte des 16. Jhs.". — Zum Problem des Konstanzer Richtebriefes jetzt W. H. *Ruoff*: Der Richtebrief von Zürich und sein Verhältnis zur Richtebriefgruppe Konstanz-St. Gallen-Schaffhausen, in: Schaffhauser Beiträge zur vaterländischen Geschichte 43/1966, S. 25—42, und H. G. *Wirz*: Der Zürcher Richtebrief und seine Beziehungen zum Stadtrecht von Konstanz, St. Gallen und Schaffhausen, in: Festgabe Hans von Greyerz, 1967, S. 213—233, und K. *Mommsen*: Zu den

Anfängen der Ratsverfassung und des Spitals in Konstanz, in: ZGO 120/1972, S. 469—479. — Über Konstanz und das Reich im Hochmittelalter H. *Maurer*: Palatium Constantiense, in: Adel und Kirche. FS Gerd Tellenbach, 1968, S.374—388. — Zum Privileg von 1192 H. *Büttner*: Zum Städtewesen der Zähringer und Staufer am Oberrhein während des 12. Jhs., in: ZGO 105/1957, S. 63—88. — Zu den Umwälzungen des 14. u. 15. Jhs. jetzt E. *Joos*: Die Unruhen der Stadt Konstanz 1300—1450, in: ZGO 116/1968, S. 31—58. — Zur Bildung von Vorstädten vgl. H. *Maurer*: Stadterweiterung und Vorstadtbildung, in: E. *Maschke* / J. *Sydow*: Stadterweiterung und Vorstadt, 1969, S. 21—38. — Zur Territorienbildung der Stadt im Thurgau immer noch U. *Dikenmann*: Die Stellung der Stadt Konstanz in der Landgrafschaft Thurgau von 1417—1499 und die daraus hervorgehenden Beziehungen der Stadt zu Österreich und den Eidgenossen, 1910. (Phil. Diss. Zürich), sowie H. *Hasenfratz*: Die Landgrafschaft Thurgau vor der Revolution von 1798, 1908, S. 64/65, und H. *Lei*: Der thurgauische Gerichtsherrenstand im 18. Jh., in: Thurgauische Beiträge zur vaterl. Geschichte 99/1962, S. 1—177. — Zum Besitz des Heiliggeistspitals jetzt W. W. *Schürle*: Das Hospital zum Heiligen Geist in Konstanz, 1970. — Zur mittelalterlichen Bündnispolitik der Stadt jetzt J. *Fürchtner*: Die Bündnisse der Bodenseestädte bis zum Jahre 1390 (= Veröff. des Max-Planck-Instituts für Geschichte 8) 1970. — Über Konstanz und den Bund „ob dem See“ vgl. B. *Bilgeri*: Der Bund ob dem See, 1968. — Über Konstanz und die Ritterschaft „St. Jörgenschild“ vgl. H. *Mau*: 1941 = L 19772 u. H. *Obenaus*: Recht und Verfassung der Gesellschaften mit St. Jörgenschild in Schwaben (= Veröff. des Max-Planck-Instituts für Geschichte 7) 1961. — Konstanz und der Schwäbische Bund vgl. E. *Bock*: Der Schwäbische Bund und seine Verfassungen (1488—1534). Ein Beitrag zur Geschichte der Reichsreform, 1927. (Untersuchungen zur deutschen Staats- und Rechtsgeschichte 137). 2. Aufl. 1968. Zur Verfassung und Politik der Stadt im 16. Jh. vgl. die zum Abschnitt „Kirche“ angegebene neuere Literatur zur Konstanzer Reformationsgeschichte. — Zur politischen und rechtlichen Geschichte der Stadt im 17. u. 18. Jh. immer noch K. *Buchegger*: Die Verfassung und Verwaltung der Stadt Konstanz im 18. Jh. unter Berücksichtigung der Tätigkeit des Stadthauptmanns Franz von Blanc. Bln 1912. (Heidelb. phil. Diss.), O. *Feger*: Konstanz als österreichische Stadt, in: Vorderösterreich. Eine gesch. Landeskunde. 2. Aufl. 1967, S. 637—646, und jetzt A. *Moser*: Die französische Emigrantenkolonie in Konstanz während der Revolution (1792—1799), 1975, und F. *Quarthal*: Vorderösterreich 1752—1806, 1977 (Artikel Konstanz).

Nachtrag 1979: Zur Bischofshöri künftig H. *Maurer:* Die Bischofshöri, in: Kirche am Oberrhein, FS für Wolfgang Müller, 1980. Zum Verhältnis von Stadtgemeinde – Bischof und Reich vor der Reformation jetzt P.-J. *Schuler:* Bischof und Stadt vor Beginn der Reformation in Konstanz, in: Kontinuität und Umbruch (wie oben), S. 300–315. – Zur Bündnispolitik der Stadt im 14. Jh. jetzt P.-J. *Schuler:* Die Rolle der schwäbischen und elsässischen Städtebünde in den Auseinandersetzungen zwischen Ludwig dem Bayern und Karl IV., in: Kaiser Karl IV. 1316–1378, hg. v. H. *Patze,* 1978. S. 659–694. – Für das 18. Jh. künftig K. *Kühne:* Das Kriminalverfahren und der Strafvollzug in der Stadt Konstanz im 18. Jh., Diss. iur. Tübingen, 1979.

Bevölkerung und Wirtschaft

Vgl. Allg. L 28765—28787. Für das Mittelalter immer noch wichtig E. *Gothein*: Wirtschaftsgeschichte des Schwarzwaldes und der angrenzenden Landschaften. Bd. 1,1892. B. *Kirchgässner*: Strukturfragen von Handel und Verkehr des Bodenseeraumes im Mittelalter, in: SVG Bodensee 91/1973, S. 41—65; für die frühe Neuzeit P. *Eitel*: Handel und Verkehr im Bodenseeraum während der frühen Neuzeit, in: SVG Bodensee 91/1973, S. 67—89, sowie P. *Eitel*: Der Konstanzer Handel und Gütertransit, in: Schweizerische Zeitschrift für Geschichte 20/1970, S. 501—561. — Einzelheiten: Zur Bedeutung des Konstanzer Markts u. der Konstanzer Münzstätte im Hochmittelalter zuletzt die verschiedenen Beiträge, in: Das Marktproblem im Mittelalter, in: Westfälische Forschungen 15/1962, S. 43—95. — Zur Konstanzer Handelsgeschichte im Mittelalter, vor allem H. *Ammann*: Die Anfänge der Leinenindustrie des Bodenseegebiets, in: Alemann. Jahrbuch 1953, S. 251—313, mit der gesamten älteren Lit., dazu auch ders.: Vom Lebensraum der mittelalterl. Stadt, in: Studien zur südwestdeutschen Landeskunde = FS F. Huttenlocher, 1963, S. 384—316. — Zum Weinhandel H. *Ammann*: Untersuchungen zur Wirtschaftsgeschichte des Oberrheinraumes, in: ZGO 110/1962, S. 371—404, insbes. S. 378 ff. — Über die „Große Ravensburger Handelsgesellschaft" immer noch A. *Schulte*: Geschichte der großen Ravensburger Handelsgesellschaft 1380—1530. 3 Bde. 1923. (Deutsche Handelsakten des Mittelalters und der Neuzeit Bd. 1—3). — Zur Konstanzer Währungspolitik B. *Kirchgässner*: Währungspolitik, Stadthaushalt u. soziale Fragen südwestdeutscher Reichsstädte im Spätmittelalter, in: Jahrb. f. Geschichte der oberdeutschen Reichsstädte 11/1965, S. 90—127. — Zur Konstanzer Bevölkerungs- u. Sozialgeschichte des Spätmittelalters B. *Kirchgässner*: Das Steuerwesen der Reichsstadt Konstanz 1418—1460, 1960, u. ders.: Probleme quantitativer Erfassung städtischer Unterschichten im Spätmittelalter, besonders in den Reichsstädten Konstanz u. Eßlingen, in: E. *Maschke* / J. *Sydow*: Gesellschaftliche Unterschichten in den südwestdeutschen Städten, 1967, S. 75—89, sowie K.-D. *Bechtold*: Zur Sozialstruktur der Stadt Konstanz im 14. und 15. Jh. (Zulassungsarbeit an der Univ. Konstanz) 1975. — Zur Geschichte des Konstanzer Patriziats K. H. *Koch*: Bemerkungen zum Anteil der Ministerialität an der städtischen Führungsschicht in Konstanz, in: Stadt u. Ministerialität, hg. von E. *Maschke* u. J. *Sydow*, 1973, S. 92—95. — Zur Geschichte der „Zunftempörungen" in Konstanz, zuletzt vor allem E. *Maschke*: Verfassung u. soziale Kräfte in der deutschen Stadt des späten Mittelalters, vornehmlich in Oberdeutschland, in: Vierteljahresschrift für Sozial- und Wirtschaftsgeschichte 46/1959, S. 289—349, und M. *Pötschke*: Herrschaftsverhältnisse unter feudalen und stadtbürgerlichen Bedingungen um 1400: soziale Auseinandersetzungen in Stadt und Land am Beispiel der Reichsstadt Konstanz und ihrer Umgebung, phil. Magisterarbeit an der Univ. Heidelberg, 1975. — Zur Geschichte der Konstanzer Juden im Mittelalter zuletzt R. *Overdiek*: Die rechtliche u. wirtschaftliche Stellung der Juden in Südwestdeutschland im 15. u. 16. Jh., 1965, insbes. S. 35 ff. u. S. 133 ff. — Zur Pest P. *Eitel*: Studien zur Geschichte der Pest im Bodenseeraum unter besonderer Berücksichtigung der Konstanzer Pestepidemie von 1611, in: Hegau 29/30, 1972/73, S. 57—89. — Zur Spitalgeschichte u. Armenpflege vgl. die zu Abschnitt „Kirche" angegebene Lit.

Nachtrag 1979: Zur Rechtsgeschichte der Konstanzer Zünfte jetzt F. *Horsch:* Die Konstanzer Zünfte in der Zeit der Zunftbewegung bis 1430 (= Konstanzer Geschichts- und Rechtsquellen XXIII) 1979. – Allg. wichtig auch U. *Dirlmeier:* Untersuchungen zu Einkommensverhältnissen und Lebenshaltungskosten in oberdeutschen Städten des Spätmittelalters, 1978. Zur Geschichte der Konstanzer Juden im Mittelalter jetzt W. *von Stromer:* Zur Buchführung der Juden im Spätmittelalter, in: Wirtschaftskräfte und Wirtschaftswege = FS für H. Kellenbenz I, 1978, S. 388–410.

Geistiges Leben

Vgl. allg. L 28799 — L 28821. Einzelheiten: Zur Geschichte des Unterrichtswesens vgl. L 28752 — L 28764. — Zur älteren Konstanzer Theatergeschichte vgl. I. *Seidenfaden*: Aus den frühen Quellen zur Theatergesch. der Stadt Konstanz, in: ZGO 107/1959, S. 291—320, *u. I. Seidenfaden*: Das Jesuitentheater in Konstanz, 1963. — Zum Kreis um die Weingartner Liederhandschrift jetzt H.-E. *Renk*: Der Manessekreis, seine Dichter und die Manessische Handschrift, 1974. — Zur Konstanzer Musikgeschichte außer L 28818 — 28820 neuerdings M. *Schuler*: Die Musik in Konstanz während des Konzils 1414—1418, in: Acta Musicologica. Vol. XXXVIII, Fasc. II—IV, S. 150—168; ders.: Die Konstanzer Domkantorei um 1500, in: Archiv für Musikwissenschaft XXI/1964, S. 23—44, u. ders.: Der Personalstatus der Konstanzer Domkantorei um 1500, ebda, S. 255—286, und jetzt zusammenfassend M. *Schuler*: Konstanz, in: Die Musik in Geschichte und Gegenwart, 1975, Sp. 1023—1025. — Zum „Konstanzer Gesangbüchlein" M. *Jenny*: Geschichte des deutschschweizerischen evangelischen Gesangbuchs im 16. Jh., 1962, S. 77 ff. — Über die einzelnen Schriftsteller vgl. die jeweiligen Artikel in W. *Stammler*: Die deutsche Literatur des Mittelalters, Verfasserlexikon, Bd. I ff., 1933 ff. Über Heinrich Wittenwiler und Konstanz H. *Birkhan*: Das Historische im „Ring" des Heinrich Wittenwiler, 1973. — Für die Konstanzer Geschichtsschreibung immer noch maßgebend Th. *Ludwig*: Die Konstanzer Geschichtsschreibung bis zum 18. Jh., 1894; und vorläufig E. *Hillenbrand*: Die Geschichtsschreibung der Stadt Konstanz im Spätmittelalter (= Protokolle des Konstanzer Arbeitskreises Nr. 201 vom 22. XI. 1975), sowie zur Petershauser Chronik jetzt H. G. *Walther*: Gründungsgeschichte und Tradition im Kloster Petershausen vor Konstanz (= Protokolle des Konstanzer Arbeitskreises Nr. 210 vom 20. XI. 1976). — Zur Geschichte des Konstanzer Buchdrucks neuerdings H. *Fiebing*: Konstanzer Druck- u. Verlagswesen früherer Jahrhunderte, 1970 (Manuskript im StadtA. Konstanz) u. ders.: Geschichte des Konstanzer Zeitungswesen, 1970 (Manuskript im StadtA. Konstanz), und jetzt zusammenfassend ders.: Konstanzer Druck- u. Verlagswesen früherer Jahrhunderte, 1974.

Nachtrag 1979: Zur Konstanzer Theatergeschichte am Ende des 18. Jhs. vgl. J. *Ungváry:* Wandertruppen in Konstanz. Geschichte des Berufstheaters in der vorderösterreichischen Zeit bis zur Übergabe an Baden (1733–1805). - Diss. phil. Masch., Konstanz, 1979.

Über Heinrich Wittenwiler jetzt zusammenfassend B. *Plate:* Heinrich Wittenwiler (= Erträge der Forschung 76) 1977. - Die Arbeit von H. G. *Walther* über Kloster Petershausen jetzt unter dem gleichen Titel gedruckt, in: SVG Bodensee 96/1978, S. 31–67.

VOM ENDE DES ALTEN REICHES BIS ZUM ENDE DES ZWEITEN WELTKRIEGES

Für den gesamten Zeitraum wichtig J. *Laible*: Geschichte der Stadt Konstanz und ihrer nächsten Umgebung. 2. Aufl. 1921, sowie Jahrbuch der Stadt Konstanz. Hg von der Stadtverwaltung. 1/1911, 1913. — Zum Übergang der Stadt an Baden A. *Ruppert*: Die Verfassung und Verwaltung der Stadt Konstanz im 19. Jh. beim Übergang von der österreichischen zur badischen Herrschaft. Diss. iur. Freiburg/Br. 1960. — Zur Geschichte des Lyzeums u. der übrigen Konstanzer Schulen im 19. u. 20. Jh., vgl. L 28752 — 28764, sowie W. *Trapp*: Volksschulreform und liberale Bürokratie — Ziele und Strategie bürgerlicher Volksschulpolitik im Baden des 19. Jhs., Zulassungsarbeit Univ. Konstanz, 1976. — Über Ittner zuletzt W. *Schenkendorf*: Laßberg und Ittner, in: Joseph von Laßberg. Mittler und Sammler, hg. von K. S. *Bader*, 1955, S. 119—138. — Zur neueren Geschichte Zoffingens vgl. B. *Hilberling*: 700 Jahre Kloster Zoffingen. 1257—1957, 1957. Über die Schule des Klosters Zoffingen vgl. „200 Jahre Schule Zoffingen" (1975). — Zur Aufhebung des Bistums Konstanz vgl. die Beiträge in FDA NF 28/29, 1927/28. — Über die Neuordnung des kirchl. Lebens zu Beginn des 19. Jhs. vgl. H. *Baier*: Die Neuregelung der Pfarrorganisation in Konstanz nach der Säkularisation, in FDA NF 38, 1937. — Zur Geschichte von Konstanz als Garnisonsstadt vgl. *Waenker von Dankenschweil-Keller*: Geschichte des 6. Badischen Infanterie-Regiments Kaiser Friedrich III. Nr. 114, 2. Aufl. 1898. — Zur Geschichte der evangelischen Gemeinde jetzt J. F. *Mono*: Evangelische Kirche in Konstanz 1518—1970, 1970. Zur Persönlichkeit Hüetlins vgl. Karl *Hüetlin*, Bürgermeister von Konstanz. Skizze seines Lebens, 1861. — Zur Wirtschafts- und Sozialgeschichte der Stadt im 19. Jh. L 28778 — 28798; dazu vor allem H. *Krümmer*: Die Wirtschafts- und Sozialstruktur von Konstanz in der Zeit von 1806 bis 1850, 1973; W. *Hein*: Ungleiche regionale Entwicklung als Folge ökonomischer Integration seit der „Industriellen Revolution“ [betr.: Konstanz im 19. Jh.], phil. Magisterarbeit der Univ. Konstanz, 1974; H. *Siefken*: Verkehrspolitik und liberales Bürgertum in Konstanz im 19. Jh., Zulassungsarbeit Univ. Konstanz, 1975. — Über Wessenberg zuletzt W. *Müller*: Ignaz Heinrich von Wessenberg (1774—1860), in: Katholische Theologen Deutschlands im 19. Jh., hg. von H. Fries u. G. Schwaiger, Bd. I/1975, S. 189—204; vgl. auch „Zum 200. Geburtstage von Ignaz Heinrich von Wessenberg. Gedächtnisfeier am 4. XI. 1974“. (4 Kurzvorträge von K. Aland, K. S. Bader, G. Boner u. W. Müller), 1974, darunter wichtig vor allem K. S. *Bader*: Wessenberg und das Konstanz seiner Zeit, S. 8—16. — Zu Josef Fickler vgl. A. *Diesbach*: Ein Journalist u. Revolutionär aus Konstanz, in: Oberländer Chronik Nr. 295/1965, und ders.: Josef Ficklers Rolle in der dritten badischen Volkserhebung, in: Bad. Heimat 54, 1974, S. 193—220. — Zur Konstanzer Revolutionsgeschichte vgl. die allg. Lit. zur bad. Revolutionsgeschichte L 7932 ff. u. L 20782 ff., sowie K. *Kern*: Konstanz und die politischen Ereignisse in Baden vom Ausbruch der Februarrevolution bis zum Beginn des Heckerzuges. Zulassungsarbeit Reallehrerinstitut der PH Weingarten. 1974. — Über die Emigrantendruckerei Bellevue vgl. H. G. *Keller*: Die politischen Verlagsanstalten u. Druckereien in der Schweiz. 1840—1848, 1935., S. 32—45, und H. M. *Venedey*: Bellevue bei Constanz. Geschichte eines politischen Verlags im Vormärz. 1840—1848, 1973. — Zum kulturellen und geistigen Leben in der Stadt vgl. L 28799 — L 28821, u. vor allem A. *Kastner*: Konstanz und der Laßbergkreis, in: Konstanzer Almanach 1958, S. 76—94, sowie K. S. *Bader*: Wessenberg und das Konstanz seiner Zeit (wie oben); M. *Bringmann* u. S. *von Blanckenhagen*, Die Mosbrugger, 1974; vgl. auch A. *Diesbach*: Die deutschkatholische Gemeinde Konstanz, 1845—1849, 1971. — Zur Geschichte des Kunstvereins vgl. L 22905. — Zur Geschichte des „Gerstensack“ vgl. H. *Gies*: Hundert Jahre Gesellschaft Gerstensack Konstanz, 1962. — Zur Geschichte des Turnvereins vgl. „100 Jahre Turnverein Konstanz 1862“, 1962. — Über die Konstanzer Judengemeinde vgl. F. *Hundsnurscher* / G. *Taddey*: Die jüdischen Gemeinden in Baden, 1968, S. 162—168, und vor allem E. *Bloch*: Geschichte der Juden von Konstanz im 19. u. 20. Jahrhundert, 1971. — Über die Ära Stromeyer vgl. „Bericht über die Entwicklung der Stadt Konstanz u. ihrer Anstalten in der Zeit vom Spätjahr 1866 bis dahin 1869, erstattet von Bürgermeister Stromeyer“, 1869, und H. u. E. *Stromeyer*: Geschichte der Stromeyer aus Duderstadt, 1912, S. 107—124, und vor allem G. *Zang*: Die Auseinandersetzung um die Stiftungsverwaltung in Konstanz (1830—1870) u. deren Bedeutung für die ökonomische u. gesellschaftliche Entwicklung der lokalen Gesellschaft, 1975, und D. *Bellmann*: Der Liberalismus im Seekreis (1860—1870), Zulassungsarbeit Univ. Konstanz, 1977. — Zur Geschichte der altkatholischen Gemeinde vgl. L 28748, und jetzt die „Gedenkschrift zum hundertjährigen Bestehen der Altkatholischen Kirchengemeinde Konstanz 1873—1973“, 1973. — Zum „Kulturkampf“ P. *Müller*: Katholische Standesvereine als Teil des politischen Katholizismus. Untersucht am Beispiel der katholischen Gesellen-, Arbeiter- u. Arbeiterinnenvereine des Amtsbezirks Konstanz. Diss. phil. Masch. Konstanz, 1973. — Zur Konstanzer Zeitungsgeschichte vgl. H. *Fiebing*: Geschichte des Konstanzer Zeitungswesen, 1970 (Manuskript im StadtA. Konstanz); u. ders.: „Konstanzer Druck- und Verlagswesen früherer Jahrhunderte", 1970 (Manuskript im StadtA. Konstanz). — Zur Ära Winterer vgl. H. *Müller*: Oberbürgermeister Dr. Otto Winterer, 1916, S. 4—5. — Zur baulichen Erweiterung der Stadt vgl. E. *Reisser*: Die bauliche Entwicklung und die öffentliche Bautätigkeit der Stadt Konstanz vom Anfang des 19. Jh. bis zur Gegenwart, in: Konstanz. Seine baugesch. und verkehrswirtsch. Entwicklung, hg. von Paul Motz. FS des Architekten- und Ingenieurvereins Konstanz, 1925. — Über die Ära Weber vgl. vor allem das Jahrbuch der Stadt Konstanz 1911, 1913. — Über die Ära Dietrich vgl. A. v. *Saldern*: Hermann Dietrich. Ein Staatsmann der Weimarer Republik, 1966, S. 6—8. — Zur Ära Möricke vgl. OB Dr. *Moericke*: Die Tätigkeit der Stadtverwaltung Konstanz in den letzten Jahren, 1928, u. H. *Mentz*: Oberbürgermeister Dr. Otto Moericke, einem Mann der Heimat, in: Bad. Heimat, Ekkhart-Jahrbuch 1961, S. 63—67. — Über die Autofähre vgl. „25 Jahre Bodenseefähre Konstanz/Staad—Meersburg", 1953. — Über die Anstalt für Bodenseeforschung vgl. M. *Auerbach*: Die Anstalt für Bodenseeforschung in Konstanz-Staad. Aus Geschichte und Arbeit dieser Forschungsstätte. In: Konstanzer Almanach 1958, S. 13—19, u. zuletzt F. *Kiefer*: Rückblick auf 50 Jahre Geschichte u. Arbeit der Anstalt für Bodenseeforschung der Stadt Konstanz, 1970 (Manuskript im StadtA. Konstanz). — Über das Stadtarchiv vgl. O. *Feger*: Die Aufgaben des Konstanzer Stadtarchivs in Verwaltung u. Wissenschaft, in: Konstanzer Almanach 1961, S. 49—54, u. H. *Maurer*: Von der Aktentruhe zum Stadtarchiv, in: Die Kulturgemeinde 11. Jg./1970, Heft 9, S. 2—5. — Zur Geschichte der Stadt gegen Ende des Zweiten Weltkriegs vgl. O. *Raggenbaß*: Trotz Stacheldraht. 1939—1945 Grenzland am Bodensee u. Hochrhein in schwerer Zeit, 1964, u. A. *Dietrich*: Das geschah in Konstanz 1945—1966, 1967.

Nachtrag 1979: Die Arbeiten von W. *Trapp*, W. *Hein*, H. *Siefken*, G. *Zang* und D. *Bellmann*, jetzt gedruckt in: Provinzialisierung einer Region, Regionale Unterentwicklung und liberale Politik in der Stadt und im Kreis Konstanz im 19. Jh., hg. von G. *Zang*, 1978. – Zur Geschichte der Arbeiterbewegung in Konstanz vgl. J. *Belli:* Die rote Feldpost unterm Sozialistengesetz, 9. Aufl., 1978. – Zur Finanzgeschichte der Stadt jetzt W. *Küchler:* Konstanz a. B. – Beispiel einer finanzschwachen Stadt, in: Städtisches Haushalts- und Rechnungswesen, hg. von E. *Maschke* und J. *Sydow* (= Stadt in der Geschichte 2) 1977, S. 127–148. – Zur Geschichte der Autofähre jetzt: „Autofähre Konstanz–Meersburg 1928–1978", 1978.

Liste der Ammänner und Bürgermeister

Der Stadtammann, seit 1150 urkundlich nachzuweisen, war der oberste bischöfliche Beamte in der Stadt. Seine Bezeichnung schwankt zunächst zwischen *minister* (1150), *causidicus* (1158/69, 13. Jh.) auch *scultetus* (13. Jh.), seit Mitte des 13. Jhs. wird er einheitlich als *Minister* oder *Ammann* bezeichnet. Er übte im Namen seines Herrn das Niedergericht aus, hatte die Marktaufsicht und den Vorsitz im Rat. Infolge des Erstarkens der städtischen Gewalt verlor sein Amt seit dem 14. Jh. (1372) zunehmend, nach 1548 aber endgültig an Bedeutung, er wurde zur simplen Urkunds- und Schiedsperson. Das Amt, obwohl bis zum Ende des alten Reiches besetzt, spielte seither in der Stadt keine Rolle mehr.

Für die Zusammenstellung der Liste der Ammänner der Stadt Konstanz wurden „Die Konstanzer Ratslisten des Mittelalters“, Heidelberg 1898, von Konrad Beyerle benutzt.

1150	Hiltibold
1158—1169	Hugo
1175—1176	Heinrich, Sohn des Hiltibold
1192—1200	Azzo
1204—1230	Marquard
1236	Konrad Jocheler
1239—1253	Heinrich Jocheler
1254—1260	Ulrich am Grieß
1261	Walther Jocheler
1269—1273	Rudolf Jocheler, genannt Ruh
1274—1281	Walther Jocheler
1282	Konrad Azzo
1284—1292	Ulrich von Roggwile
1294—1296	Konrad Jocheler, genannt Schlecht
1296—1323	Bartholomeus zum Burgtor
1325—1335	Ulrich Unterschopf
1341—1350	Hug Haven
1341—1342	Wernher Unterschopf
1351—1355	Konrad Pfefferhart
1356—1357	Heinrich Lind
1357—1359	Konrad Pfefferhart
1359—1364	Rudolf von Roggwile
1365—1374	Ulrich von Roggwile
1374—1378	Johann Lind
1379—1397	Ulrich Habk
1398—1403	Gebhart Ehinger
1404—1421	Heinrich Ehinger
1422—1431	Ulrich Ehinger
1432	Friedrich Haidenheimer
1433—1435	Konrad in der Bünde, genannt Rüll
1436—1437	Othmar Zwick
1438	Heinrich von Tettikofen
1439—1454	Brun von Tettikofen
1455—1459	Hans Breisacher
1460—1462	Konrad Schwarz
1463	Ulrich von Kappel
1464—1466	Hans Boltzhuser
1467—1470	Hans Ruh
1471—1475	Hans Lantz
1476—1488	Ludwig Nithart
1489—1493	Konrad Flar
1494—1513	Hans von Ulm
1514—1541	Hans von Croaria

Das Bürgermeisteramt entstand in Konstanz im 14. Jh. als Ausdruck der Erstarkung des städtischen Gemeinwesens und war besonders gegen den bischöflichen Stadtherrn und dessen Vertreter, den Stadtammann gerichtet, der den Vorsitz im Rat führte. Es ist erstmals 1308 bezeugt und wurde vom Bischof zunächst nicht anerkannt, weshalb es nur in Zeiten schwacher Bischofsgewalt zum Zuge kam: 1324 scheint es einen Bürgermeister gegeben zu haben, 1333 wird erstmals einer namentlich genannt, danach blieb das Amt offenbar bis zum Zunftaufstand von 1342 unbesetzt. Dann folgte eine Neuwahl, das Amt ist nunmehr bis 1348 belegt, wurde erneut abgeschafft und erscheint erst wieder 1371, nunmehr hatte sich die Institution aber endgültig durchgesetzt.

Der *Bürgermeister*, dem zeitweise ein Vertreter, der Unter- oder nachgehende Bürgermeister beigegeben war (1377—98, 1414—30), war der Vertreter der Bürgerschaft gegenüber dem Stadtherrn und deren Vorsitzender im Rat. Seine Bedeutung und Rechte nahmen im gleichen Ausmaß zu wie die Stellung des Bischofs als Stadtherr und die seines Stadtammanns an Bedeutung verlor. In der Reformationszeit übten Bürgermeister und Rat tatsächlich die Stadtherrschaft aus. Der Rückschlag folgte 1548, als durch die Einsetzung eines Stadthauptmanns durch die Landesherrschaft das Amt auf rein städtische Belange beschränkt wurde, woran sich bis zum Ende des alten Reiches nichts geändert hat. Der Bürgermeister wurde vom Kleinen Rat, wenn auch nicht unbedingt aus dessen Mitte gewählt. Seit etwa 1400 mußte er, wenn der Stadtvogt aus den Zünften stammte, den Geschlechtern angehören und umgekehrt, in jener Zeit findet sich vielfach der Brauch, Vogt- und Bürgermeisteramt nach Ablauf der Amtszeit, die ursprünglich ein Jahr betrug, auszutauschen. Dabei war eine Wiederwahl auf ein Jahr anscheinend möglich, längere Amtszeiten ermöglichte erst die Gesetzgebung des 18. Jhs.

Nach dem Wegfall der bischöflichen Vertretung 1803 folgte eine Übergangszeit, in welcher das Amt durch die Verfassung von 1818 und besonders die Gemeindeordnung von 1831/32 einen neuen Inhalt bekam. Ein *hauptamtlicher Bürgermeister* verwaltete nunmehr, unterstützt von Stadtrat und Bürgerausschuß, die Stadt; er wurde seit 1837 von einem von der Gesamtheit der Bürgerschaft gewählten großen Gemeindeausschuß, seit 1870 direkt von der Bürgerschaft gewählt. Die Städteordnung von 1874 änderte den Titel in *Oberbürgermeister*, der auf 9 Jahre gewählt wurde und einen Stellvertreter mit dem Titel Bürgermeister erhielt. Dies änderte sich erst 1933, der Oberbürgermeister wurde nun vom Reichsstatthalter ernannt, nach dem Kriege setzte ihn 1945 die Besatzungsmacht ein, 1946 wählte ihn ein wieder zugelassener Stadtrat. Seit der Gemeindeordnung von 1956 wird er wieder direkt von der Bürgerschaft gewählt, seine Stellvertreter, die (beiden) Beigeordneten vom Gemeinderat aus dessen Mitte. Er ist Vorsitzender des Gemeinderates und Leiter der Gemeindeverwaltung, seine Amtszeit beträgt 8 Jahre, bei Wiederwahl 12 Jahre.

Der Bürgermeisterliste wurden — mit Ausnahme einiger weniger Ergänzungen aus den beiden nachgenannten Werken — für die Zeit von 1333 bis 1548 „Die Konstanzer Ratslisten des Mittelalters", Heidelberg 1898, von Konrad Beyerle zugrundegelegt. Für die Zeit nach 1548 dienten bis zum Jahre 1800 folgende Handschriften des Stadtarchivs als Vorlage: Liste der Bürgermeister von Heinrich Poinsignon (1885, A I 31) und das Konstanzer Bürgermeister-Buch von Otto Leiner (1894, A I 24). Anhand des Einwohnermeldebuches der Stadt Konstanz für das Jahr 1971/72 wurde die Liste fortgesetzt.

1333	Hug in der Bünde
1342	Bartholomeus zum Burgtor
1371—1373	Konrad Mangolt
1374	Walther Schwarz
1375	Konrad Mangolt
1376—1377	Bertold Wiler
1378	Jakob Huber
1379—1381	Konrad Hagen
1382—1383	Heinrich Sachs
1384—1386	Konrad Hagen

1387—1388	Heinrich Sachs
1389	Konrad Rayser
	Walter Schwarz
1390	Konrad Schallenberg
1391	Konrad Schwarz
1392	Konrad Schallenberg
1393	Hans Winterberg
1394	Hans Ruh
1395	Hans Winterberg
1396	Hans Ruh
1397	Konrad Rayser
1398	Konrad Mangolt
1399	Hans von Schwarzach
1400	Haintz Christan
1401	Hans von Schwarzach
1402	Hans Ruh
1403	Ital Egly
1404	Konrad Mangolt
1405	Heinrich Christan
1406	Hans Ruh
1407	Hans von Schwarzach
1408	Hans von Schwarzach
1409	Heinrich von Ulm
1410	Heinrich Gunterswiler
1411	Konrad Mangolt
1412	Ulrich Stainstraß
1413	Heinrich von Tettikofen
1414	Heinrich von Ulm
1415	Hans von Schwarzach
1416	Konrad Mangolt
1417	Heinrich von Ulm
1418	Kaspar Gumpost
1419	Heinrich von Ulm
1420	Heinrich Gunterswiler
1421	Heinrich von Tettikofen
1422	Heinrich Gunterswiler
1423	Heinrich von Ulm
1424	Heinrich Gunterswiler
1425	Konrad Mangolt
1426—1428	Heinrich Ehinger
1429	Ulrich Schilter
1430	Heinrich Ehinger
	Hans Andraß
1431	Konrad Mangolt
1432	Hans Ortolf, gen. Mälk
1433	Brun von Tettikofen
1434	Hans Ortolf
1435	Ulrich Schilter
1436	Hans von Kappel
1437	Ulrich Schilter
1438	Hans von Kappel
1439	Ulrich Blarer, d. Ä.
1440	Hans von Kappel
1441	Hans Ruh
1442	Hans von Kappel
1443	Leutfried Muntprat
1444	Hans von Kappel
1445	Ulrich Blarer, d. Ä.
1446	Hans von Kappel
1447	Ulrich Blarer, d. Ä.
1448	Konrad Schatz
1449	Ulrich Blarer
1450	Konrad Schatz
1451	Marquart Breisacher
1452	Konrad Schatz
1453	Diethelm Schilter
1454	Hans von Kappel
1455	Diethelm Schilter
1456	Hans von Kappel
1457	Marquart Breisacher
1458	Hans von Kappel
1459	Ulrich Blarer
1460	Hans von Kappel
	Konrad Schatz
1461	Ulrich Blarer, d. Ä.
1462	Konrad Schatz
1463	Ulrich Blarer
1464	Konrad Schatz
1465	Ulrich Blarer
1466	Konrad Grünenberg
1467	Ulrich Blarer
1468	Konrad Grünenberg
1469	Ulrich Blarer
1470	Konrad Grünenberg
1471	Ulrich Blarer
1472	Hans Schwaininger
1473	Ulrich Blarer
1474	Hans Schwaininger
1475	Ulrich Blarer
1476	Hans Schwaininger
1477	Ludwig Blarer
1478	Hans Schwaininger
1479	Georg Engelin
1480	Hans Schwaininger
1481	Ludwig Appenteger
1482	Hans Schwaininger

1483	Ludwig Appenteger
1484	Konrad Schatz
1485	Ludwig Appenteger
1486	Konrad Schatz
1487	Heinrich von Kreuzlingen
1488	Konrad Schatz
1489	Ludwig Appenteger
1490	Konrad Schatz
1491	Ludwig Appenteger
1492	Konrad Schatz
1493	Ludwig Appenteger
1494	Konrad Schatz
1495	Jakob Muntprat
1496	Konrad Schatz
1497	Bartholome Blarer
1498	Konrad Schatz
1499	Jörg von Hof
1500	Konrad Schatz
1501	Jörg von Hof
1502	Konrad Schatz
1503	Jörg von Hof
1504	Konrad Schatz
1505	Jörg von Hof
1506	Konrad Schatz
1507	Jörg von Hof
1508	Sigmund Flar
1509	Jörg von Hof
1510	Sigmund Flar
1511	Bartholome Blarer
1512	Hans Hayder
1513	Bartholome Blarer
1514	Jakob Gaißberg
1515	Jörg von Hof
1516	Jakob Gaißberg
1517	Jörg von Hof
1518	Jakob Gaißberg
1519	Bartholome Blarer
1520	Jakob Gaißberg
1521	Bartholome Blarer
1522	Jakob Gaißberg
1523	Bartholome Blarer
1524	Jakob Gaißberg
1525	Hans Schulthaiß
1526	Jakob Gaißberg
1527	Hans Schulthaiß
1528	Jakob Zeller
1529	Hans Schulthaiß
1530	Jakob Zeller
1531	Hans Schulthaiß
1532	Jakob Zeller
1533	Hans Wellenberg
1534	Jakob Zeller
1535	Hans Wellenberg
1536	Jakob Zeller
1537	Thomas Blarer
1538	Jakob Zeller
1539	Thomas Blarer
1540	Jakob Zeller
1541	Thomas Blarer
1542	Jakob Zeller
1543	Thomas Blarer
1544	Jakob Zeller
1545	Thomas Blarer
1546	Bastian Gaißberg
1547	Thomas Blarer
1548	Bastian Gaißberg
	Melchior Zündelin
1549—1552	Melchior Zündelin
1553	Felix von Schwarzach
1554—1557	Melchior Zündelin
1557—1558	Christoph Schulthaiß
1559	Bastian Bischof
1560	Christoph Schulthaiß
1561	Bastian Bischof
1562	Marx Blarer
1563	Bastian Bischof
1564	Christoph Schulthaiß
1565	Bastian Bischof
1566	Christoph Schulthaiß
1567	Hans Jakob Atzenholz
1568	Christoph Schulthaiß
1569	Hans Jakob Atzenholz
1570	Christoph Schulthaiß
1571	Hans Jakob Atzenholz
1572	Christoph Schulthaiß
1573	Hans Jakob Atzenholz
1574	Christoph Schulthaiß
1575	Hans Jakob Atzenholz
1576	Christoph Schulthaiß
1577	Hans Jakob Atzenholz
1578	Hans von Menlishofen
1579	Hans Jakob Atzenholz
1580	Nikolaus de Gall
1581	Hans Jakob Atzenholz
1582	Nikolaus de Gall
1583	Hans Jakob Atzenholz

1584	Nikolaus de Gall
1585	Hans Jakob Atzenholz
1586—1587	Nikolaus de Gall
1588	Wilhelm Betz
1589	Nikolaus de Gall
1590	Wilhelm Betz
1591	Nikolaus de Gall
1592	Wilhelm Betz
1593	Nikolaus de Gall
1594	Wilhelm Betz
1595	Nikolaus de Gall
1596	Jakob Hüetlin
1597	Marx Schulthaiß
1598	Jakob Hüetlin
1599	Marx Schulthaiß
1600—1601	Jakob Hüetlin
1602	Christoph Labhart
1603	Jakob Hüetlin
1604	Christoph Labhart
1605	Jakob Hüetlin
1606	Christoph Labhart
1607	Jakob Hüetlin
1608	Christoph Labhart
1609	Hans Caspar Schmid
1610	Christoph Labhart
1611	Hans Caspar Schmid
1612	Christoph Labhart
1613	Hans Caspar Schmid
1614	Christoph Labhart
1615	Hans Caspar Schmid
1616	Christoph Labhart
1617	Hans Caspar Schmid
1618	Christoph Labhart
1619	Hans Caspar Schmid
1620	Christoph Labhart
1621	Hans Caspar Schmid
1622	Christoph Labhart
1623	Hans Caspar Schmid
1624	Christoph Labhart
1625	Hans Caspar Schmid
1626	Christoph Labhart
1627	Hans Caspar Schmid
1628	Erhard Ruosch
1629	Hans Caspar Schmid
1630	Erhard Ruosch
1631	Hans Caspar Schmid
1632	Erhard Ruosch
1633	Johann Konrad Guldinast
1634	Balthasar Kalt
1635	Johann Konrad Guldinast
1636	Baltasar Kalt
1637	Johann Konrad Guldinast
1638	Johann Jakob Lanz
1639	Johann Konrad Guldinast
1640	Johann Jakob Lanz
1641	Johann Konrad Guldinast
1642	Johann Jakob Lanz
1643	Johann Konrad Guldinast
1644	Johann Jakob Lanz
1645	Johann Konrad Guldinast
1646	Johann Jakob Lanz
1647	Johann Konrad Guldinast
1648	Johann Jakob Lanz
1649	Johann Konrad Guldinast
1650	Johann Jakob Lanz
1651	Johann Konrad Guldinast
1652	Johann Jakob Lanz
1653	Johann Konrad Guldinast
1654	Johann Jakob Lanz
1655	Johann Konrad Guldinast
1656	Johann Jakob Lanz
1657	Johann Konrad Guldinast
1658	Johann Jakob Lanz
1659	Johann Konrad Guldinast
1660	Johann Jakob Lanz
1661	Johann Konrad Guldinast
1662	Johann Jakob Lanz
1663	Nikolaus Tritt
1664	Johann Jakob Lanz
1665	Nikolaus Tritt
1666	Johann Jakob Lanz
1667	Nikolaus Tritt
1668	Johann Jakob Gasser
1669	Nikolaus Tritt
1670	Johann Jakob Gasser
1671	Nikolaus Tritt
1672	Johann Jakob Gasser
1673	Nikolaus Tritt
1674	Johann Jakob Gasser
1675	Nikolaus Tritt
1676	Johann Jakob Gasser
1677	Nikolaus Tritt
1678	Johann Jakob Gasser
1679	Nikolaus Tritt
1680	Johann Jakob Gasser
1681	Wolf Albrecht Ehinger von Balzheim

1682	Johann Jakob Gasser
1683—1684	Dr. Johann Georg Kühne
1685	Johann Georg Kleber
1686	Dr. Johann Georg Kühne
1687	Johann Georg Kleber
1688	Dr. Johann Georg Kühne
1689	Ignatius von Guldinast
1690	Johann Georg Wech
1691	Ignatius von Guldinast
1692	Johann Georg Wech
1693	Ignatius von Guldinast
1694	Johann Georg Wech
1695	Ignatius von Guldinast
1696	Johann Georg Wech
1697	Ignatius von Guldinast
1698	Johann Georg Wech
1699	Ignatius von Guldinast
1700	Johann Georg Wech
1701	Ignatius von Guldinast
1702	Johann Georg Wech
1703	Ignatius von Guldinast
1704	Johann Georg Wech
1705	Ignatius von Guldinast
1706	Johann Georg Wech
1707	Ignatius von Guldinast
1708	Johann Konrad Gasser
1709	Ignatius von Guldinast
1710—1711	Johann Konrad Gasser
1712	Ignatius von Guldinast
1713—1715	Johann Franz v. Schwarzach
1716—1717	Johann Jakob Leiner
1718	Johann Franz v. Schwarzach
1719	Johann Jakob Leiner
1720	Johann Franz v. Schwarzach Johann Christoph Waibel
1721	Johann Christoph Waibel
1722—1723	Johann Jakob Welz
1724	Ignaz Anton Kühne
1725	Johann Jakob Welz
1726	Ignaz Anton Kühne
1727	Johann Jakob Welz
1728	Johann Ulrich Merhart
1729	Johann Jakob Welz
1730	Johann Ulrich Merhart
1731	Johann Konrad Wech von Schroffen
1732	Josef Joachim von Eichenlaub
1733	Johann Konrad Wech von Schroffen
1734	Josef Joachim von Eichenlaub
1735	Johann Konrad Wech von Schroffen
1736	Josef Joachim von Eichenlaub
1737	Johann Jakob Leiner
1738	Josef Joachim von Eichenlaub
1739	Johann Chrysostomus Rolle
1740	Johann Joachim von Eichenlaub
1741	Johann Chrysostomus Rolle
1742	Josef Joachim von Eichenlaub
1743	Johann Chrysostomus Rolle
1744	Josef Joachim von Eichenlaub
1745—1763	Johann Chrysostomus Rolle
1763—1766	Prosper Anton von Streng
1767—1768	vakant
1769—1786	Johann Konrad Leiner
1786—1800	Leonhard von Löhry
1800—1803	Johann Chrysostomus Burkart, Bürgermeisteramtsverwalter
1803—1805	Dominik Friedrich
1806—1810	Johann Chrysostomus Burkart, Bürgermeisteramtsverwalter
1810—1832	Dr. Joseph Anton Burkart
1832—1833	Karl Hüetlin
1834—1849	Karl Hüetlin
1851—1861	Karl Steiner
1861—1866	Jakob Stadler
1866—1877	Max Stromeyer
1877—1888	Otto Winterer
1888—1914	Dr. Franz Weber
1914—1919	Hermann Dietrich
1919—1933	Dr. Otto Moericke
1933—1945	Albert Herrmann
1945	Josef Benz Vinzenz Kerle Hans Schneider
1946	Fritz Arnold
1946—1957	Dr. Franz Knapp
1957—1959	Alfred Diesbach (gesetzl. Stellvertreter)
seit 1959	Dr. Bruno Helmle